农业经济管理及发展探索

冯　逃　玉香儿　尹彦芳◎著

吉林科学技术出版社

图书在版编目（CIP）数据

农业经济管理及发展探索 / 冯逃，玉香儿，尹彦芳
著. -- 长春：吉林科学技术出版社，2023.5
ISBN 978-7-5744-0479-3

Ⅰ. ①农… Ⅱ. ①冯… ②玉… ③尹… Ⅲ. ①农业经
济管理－研究 Ⅳ. ①F302

中国国家版本馆 CIP 数据核字（2023）第 105662 号

农业经济管理及发展探索

作　　者	冯　逃　玉香儿　尹彦芳	
出 版 人	宛　霞	
责任编辑	赵　沫	
幅面尺寸	185 mm×260 mm	
开　　本	16	
字　　数	217 千字	
印　　张	9.75	
版　　次	2024 年 7 月第 1 版	
印　　次	2024 年 7 月第 1 次印刷	

出　　版　吉林科学技术出版社
发　　行　吉林科学技术出版社
地　　址　长春市净月区福祉大路 5788 号
邮　　编　130118
发行部电话/传真　0431-81629529　81629530　81629531
　　　　　　　　　81629532　81629533　81629534

储运部电话　0431-86059116

编辑部电话　0431-81629518

印　　刷　北京四海锦诚印刷技术有限公司

书　　号　ISBN 978-7-5744-0479-3
定　　价　65.00 元

前　言

　　农业是国民经济的基础，农业经济的稳定、协调和健康增长对整个国民经济的发展都有积极而重要的作用。农业要发展，投入是关键。农业经济的发展对国民经济的发展具有举足轻重的作用，农村的稳定和繁荣则为经济的持续健康发展提供强有力的保障。

　　而农业经济管理就是主要研究农业生产关系发展运动和农业中生产力诸要素的合理组织与开发利用的经济规律及其应用。即在农业生产各个环节上占用和消耗的人、财、物等方面，进行正确有效的决策、计划、组织、指挥、协调、核算和控制，通过决策和计划，确定出切实有效的经营目标；通过组织和指挥，维持正常的生产和营销秩序，以保证经营目标的实现；通过协调和控制，及时解决、修正生产和流通中出现的各种矛盾和问题，确保农业部门和企业沿着既定的目标轨道向前发展；通过核算和控制，检查计划的执行情况，从而保证农业部门和农业企业经营计划的执行和决策目的的最终实现。

　　本书是一本关于农业经济管理及其发展探索方面研究的书籍。首先，全书对农业经济的宏观调控及微观组织进行简要概述，介绍了现代农业宏观调控的地位、作用、手段、功能及各种微观组织形态等；其次，对农业经济管理实践的相关问题进行梳理和分析，包括农业经营的预测、决策、生产资源与资金管理、经济核算及技术经济效果评价等多个方面；最后，在农业经济管理发展的探索方面进行探讨。本书论述严谨，结构合理，条理清晰，且能为当前农业经济管理发展理论的深入研究提供借鉴。

　　本书编写过程中，参考和借鉴了一些知名学者和专家的观点，在此向他们表示深深的感谢。由于水平和时间所限，书中难免会出现不足之处，希望各位读者和专家能够提出宝贵意见，以待进一步修改，使之更加完善。

目 录

第一章　农业经济的宏微观管理

第一节　农业的宏观调控

一、农业宏观调控的概念及其必要性

（一）农业宏观调控的概念

从一般意义上说，宏观调控是指在市场经济条件下，以中央政府为主的国家各级政府为实现经济总量和结构的平衡，保证整个国民经济持续、快速、健康发展，并取得较好的宏观效益，从宏观经济运行的全局出发，运用经济、法律、行政等手段，对国民经济需求和供给总量、结构等进行管理、调节和控制的一种管理方式。

在这一概念中，以中央政府为主的国家各级政府是宏观调控的主体；国民经济需求和供给总体、结构等国民经济总体是宏观调控的客体；实现经济总量和结构的平衡，保证整个国民经济持续、快速、健康发展并取得较好的宏观效益，是宏观调控的目的；从宏观经济运行的全局出发是宏观调控的立足点与出发点。宏观调控主要是运用经济、法律、行政等手段。农业宏观调控的对象是农业经济运行总体，调控主要解决的问题是农业本身的发展以及农业与国民经济其他部门之间的关系。

农业宏观调控是一般意义上的宏观调控在农业部门和领域中的特殊体现。因此，农业宏观调控是以政府为主体，着眼于经济运行的全局，运用经济、法律和必要的行政手段，从宏观层次上对农业资源的配置进行调节与控制，以促使农业经济总体均衡、结构优化、要素合理流动，保证农业持续、稳定、协调地发展。实质上，农业宏观调控是在市场经济条件下政府干预农业的一种表现形式，可以从以下几个方面理解农业宏观调控：

1. 农业宏观调控要与一定的市场经济阶段相适应

发达、成熟的市场经济与不发达、不成熟的市场经济相比较，农业宏观调控的内容和手段不可能完全相同，应当允许有一个从不完善、不健全到比较完善、比较健全的演进过程。但农业宏观调控的本质属性是不会变的，开放经营后政府撒手不管，或者出现波动后纯粹运用旧体制下已经习惯了的行政手段进行干预绝不是宏观调控。

2. 农业宏观调控手段总是与一定的经济体制相联系

在市场经济体制下，农业宏观调控是市场经济下的政府行为，其调节手段以经济手段为主，辅之以法律手段和必要的行政手段，充分尊重和运用市场配置资源的方式。

3.政府作为宏观调控的主体,在农业发展中起"引导、支持、保护、调节"作用

即引导农村经济结构和农业生产结构调整,帮助农民进入社会主义市场经济轨道;加强对农业的支持,改善农业和农村经济发展的外部环境;完善对农业的保护,促进农业生产持续稳定发展;改革宏观调控方式,确保农业经济的正常运行。其中,"调控"只是政府对农业经济运行发挥作用的一部分,更多地强调利用经济手段调节农产品供求,降低市场波动。

搞好农业宏观调控,对于有效利用农业资源,保持社会对农产品总供求的基本平衡,实现农业和整个国民经济持续稳定协调发展,具有重要意义。

(二)农业宏观调控的特征

尽管我国农业已经由自给农业向商品农业和市场农业、由传统农业向现代化农业转变,但农业依然是一个开放性的弱质产业,农业宏观调控具有自身的特点。

1.农业宏观调控目标是农产品需求与供给总量的平衡

政府作为调控的主体,重点调控的是关系国计民生的战略性农产品(如粮、棉、油等)的总量以及满足人民日益多样化需求的优质农产品的均衡供应,而不是农产品生产经营者的微观市场主体的个别经济行为。

2.农业宏观调控具有较大的弹性和灵活性

农业经济受自然环境和市场行情影响较大,我国农业生产经营的主体是农户,农村实行以家庭承包经营为基础,统分结合的经营制度,经营决策分散性强,这就使农业宏观调控的难度较大。国家实现对农产品生产经营目标和计划主要依靠经济手段输入农户,并通过合同形式纳入农户,经营决策之中,同时受科技水平的限制,经营规模小、经营空间分散,自然条件差别又很大,生产成本不稳定。因此,农业宏观调控的作用和力度也必然留有较大的余地,调控的空间较大,路径较长,变数多。

3.农业宏观调控以间接调控为主

现在的农业经营者主要是自主经营、自负盈亏的独立农户,农民既要承受自然灾害的风险,又要承受来自市场的经济风险。绝大部分农产品是由市场机制起基础性作用,农业宏观调控的重点是保持战略性农产品的供需平衡以平抑物价,调动农民的生产积极性。

4.调控手段以经济利益机制为主

追求经济利益,增加收入是市场经济通行法则,也是农民发展农业经济的直接动力。政府对农业进行宏观调控的核心是尊重农民的自主权,保证农民增收以调动其生产积极性,并作为使用调控手段的首要出发点。比如减轻农民负担,以保护价收购农民粮食等都是提高农业经济效益,把农民积极性引向更高阶段的调控措施。

（三）农业宏观调控的必要性

从市场经济理论与实践来看，市场机制的缺陷是政府在市场经济中进行宏观调控的基本原因。因此，在充分发挥市场机制对农业调节作用的同时，加强农业宏观调控，对保证农业的持续、稳定、健康发展具有重大意义。对农业进行宏观调控，主要基于以下理由：

1.市场机制的局限性

市场机制有效配置资源的前提是要有一个具备完全竞争的市场，没有价格扭曲，要素价格能够充分反映要素的稀缺程度，产品价格能够充分体现产品的供求关系。但是，现实中的市场都具有一定程度的不完全性，使得市场机制对资源配置的调节作用受到制约。只有借助政府的宏观调控，才能使这种竞争的不完全性控制在最低限度内。而且，市场机制的调节是一种事后调节，这种调节容易引起经济起伏，需要政府进行事前调节以预警，防止产生大的经济波动。

2.农业的弱质性

在与其他产业的竞争中，农业处于相对不利的地位。随着经济的发展，城市和非农业用地不断增加，地价不断上涨，土地用于非农产业的报酬远远高于农业，使农地的流失不断增加；由于农业的比较利益低下，使得农业中的资金和较高素质的劳动力流向非农产业，造成农业的资金短缺和高素质劳动力缺乏，农业发展后劲不足；相对新兴的非农产业来说，农业生产周期较长，技术进步相对较慢，农业剩余劳动力的转移又相对滞后于非农产业产值份额的增加，使得农业劳动生产率比较低；农产品的需求弹性比较小，恩格尔定律的作用，农产品不耐贮运等特点，使得农业的贸易条件不断地恶化，农民收入增长乏力，农民与非农民就业者的收入差距拉大。这就说明农业具有先天的弱质性，要解决这些问题必须依靠政府的宏观调控。

3.农业发展进入新阶段的要求

改革开放几十年来，我国农业实现了由生产力水平低下、农产品短缺到综合生产能力提升，农产品总量供求基本平衡到丰年有余的历史性飞跃。人们的温饱问题解决以后，对农产品的质量、营养、安全等提出了更高的要求。可见，农业的发展不仅受到资源的约束，还会不断地受到需求的约束。如果不能适应这种新的变化，就可能出现增产不增收的状况。由于我国步入市场经济时间短，市场运行机制还不健全，农产品的流通体制、价格机制、市场信息反馈机制等都有待健全和完善。要解决这些矛盾和问题，就有必要对农业进行宏观调控。

二、农业宏观调控的地位与作用

（一）农业宏观调控的理论依据

从理论上讲，在市场经济条件下，政府对农业进行宏观调控的依据是由市场机制的缺陷与农业本身的产业特征决定的。农业本身具有的特征所引发的一系列问题，需要政府在市场配置资源的基础上，采取一定的政策手段加以宏观调控。导致市场在农业中失灵的主要原因是农业的外部性、公共产品性和不稳定性。

1. 农业的外部性

农业的外部性有正有负，涉及许多方面。正的外部性，从农业对生态环境的外部性来看，包括形成农业景观、生物多样性保持、二氧化碳吸收、保持水土等；从农业对经济的外部性来看，包括经济缓冲作用、国土空间上平衡发展、确保农村活力等；从农业对社会的外部性看，包括社会的稳定作用、确保劳动力就业和社会福利替代等。负的外部性包括水土流失、水资源消耗、地表水和地下水污染、野生动物栖息地丧失等。在没有特定政策干预和特殊制度安排的情况下，经济活动主体既没有获得来自正外部性的经济补偿，也没有负担所应承担的相关费用，即市场及价格机制没有反映或没有全面反映这一经济活动的全部成本或收益；从整个社会来看，资源配置无法达到最佳状态，从而引起社会福利的下降。

农业外部性的出现取决于多种因素，特别是农业的生态环境外部性取决于农业生产活动的类型、使用的农业技术、作物品种、集约水平、农业资源状况以及产权制度等多种因素。农业对于经济缓冲、扶贫、农业劳动力就业以及社会福利替代所具有的外部性，在很大程度上取决于经济发展水平。一般而言，发展中国家经济发展水平较低，农业人口比重大，农村社会保障体系缺乏，农村贫困问题较严重，农业对于经济缓冲、扶贫、农业劳动力就业以及社会保障替代具有较大的正的外部效应。

2. 农业的公共物品性

农业多功能所提供的许多非商品产出具有不同程度的非排他性和非竞争性，即具有公共产品或准公共产品的部分特性。因为农业的非商品产出很难对其进行产权界定，作为农业的溢出效应对生产者以外的其他人发生影响，使其受益，难以排除特定的人不支付报酬就不让他消费，因而在其作用范围内具有非排他性。由于其影响或受益范围因非商品产出的不同而不同，农业非商品产出在不同的范围内具有不同程度的非排他性。农业非商品产出的特点也决定了其具有不同程度的非竞争性，如粮食安全带来的社会稳定，良好环境所带来的高生活质量，生物多样性所带来的选择价值和存在价值等。在一定程度上，一个人对这些非商品产出的消费不会影响其他人对他们的消费，即具有不同程度的非竞争性，因而社会不应该排除任何人消费该商品的权利。

3. 农业的不稳定性

（1）农业受自然条件影响，调整难度大

由于农业的自然再生产与经济再生产交织在一起，使得农业受自然条件影响很大。而自然条件是变化无常的，因此农业生产相对不稳定。农业生产本身具有周期性，且生产周期长，生产不易调整，也会导致农业的波动。

（2）开放条件下，农业更易受市场冲击

由于宏观经济环境的变化或不景气，也会对农业造成冲击。如加入世贸组织以后，农产品贸易趋于自由化，国内农业受到国际市场的冲击而出现较大的波动；经济不景气时，劳动力市场受到冲击，农业剩余劳动力转移困难，农民收入减少；而在经济景气时，又出现大量农村劳动力涌向非农产业，由于比较利益的驱使可能会出现耕地的荒废。

（3）农产品的市场供需均衡实现困难

土地等自然条件的限制和动植物本身生物学特性的制约，使得农产品短期供给的弹性比较小。但由于人们对农产品的需求刚性，价格对供给量的反应非常敏感，难以实现农产品的市场供需均衡。当某些因素导致价格和产量一定程度波动时，会产生蛛网效应。另外，农产品价格与供给间的互动关系还受动植物生理机能的影响，由于农业的生产周期较长，许多农民对价格的反应又具有滞后性，市场的自行调节难以使农产品的供给及时追随市场价格的变化，会造成农产品的短缺和过剩效应的放大，使农业生产产生较大的波动。

（4）农产品生产者很难在市场波动中受益

农产品大多具有易腐性，不耐贮存，且贮存费用高，所以收获后生产者会立即出售，即使市场价格低廉也必须出清。反之，产品稀少时，虽然市场价格高，但在短期内无多余的库存立即供应市场，无法满足市场需求。因此，农产品一经产出，其供给即已固定。

农业存在多方面的外部性、公共物品性和不稳定性，必然造成这一产业的私人投资不足，发展不充分，这就要求政府必须建立农业保障机制和农业市场调控机制。

（二）农业宏观调控的地位

确立社会主义市场经济体制就是要使市场对资源配置起基础性作用，实现资源配置的优化。但是市场并不是万能的，需要政府从宏观上进行正确调控。农业宏观调控是国民经济宏观调控中最基本的调控，或者说，农业宏观调控是国民经济宏观调控的基础。主要有以下几个方面的原因：

1. 农业在国民经济中的基础地位，决定了农业宏观调控的地位

农业是直接从自然界取得物质资料的部门，因此称为第一次产业。农业是人类社会的衣食之源和生存之本，在世界上所有国家的国民经济发展中处于基础性的地位，在满足本国人民生活需要和对外贸易方面具有举足轻重的作用。在社会主义市场经济体制下，市场机制对资源配置起基础性的决定作用。然而，农业宏观调控却关系到保持农业和农村经济的持续稳定发展、改革开放及现代化等全局问题。加强农业宏观调控，是保持农业增产、农民增收和农村稳定的需要，也是实现全国稳定，推进整个国民经济现代化的需要。如果政府实施了有效的农业宏观调控，就保持了农业与农村的稳定，也就稳住了国民经济的"大头"，全国性的宏观调控就有了基础，就可以掌握全国宏观调控的主动权。因此，从总体上看来，有效的农业宏观调控不仅可以促进农业持续发展，提高农业经济效益，而且还可以确保农业劳动力就业，保障农村社会的稳定，进而有利于整个社会的稳定。

2. 农业宏观调控可以为国民经济其他部门的发展创造有利条件

有效的农业宏观调控，可以正确地引导农业生产、保障农民的利益，大大调动农民的

积极性，提高农业劳动生产率，创造更多的农业剩余产品，从而为社会分工创造有利的条件，为国民经济其他部门的独立和进一步发展创造有利的条件。

3. 农业宏观调控间接地促进了国民经济其他部门的发展

农业剩余产品和剩余劳动力为国民经济其他部门的发展创造了条件。德国思想家、政治学家马克思（Marx）说："超过劳动者个人需要的农业劳动生产率是一切社会的基础。"农业生产力发展水平和农业劳动生产率高低，决定了农业能为其他产业提供多少的农产品数量和剩余劳动力，也决定和制约了其他部门的发展规模和速度。因此，对农业实施有效的宏观调控，直接促进农业发展，进而间接地影响着其他产业的发展。

（三）农业宏观调控的作用

农业宏观调控的作用主要是强调宏观调控对农业本身发展以及农民增收、农产品市场供给与需求等方面的作用。农业宏观调控是在充分发挥市场机制的基本调节作用的基础上，政府从全局出发，运用经济、法律、行政等手段，对农产品的供给总体、农业结构、农民收入等进行管理。农业宏观调控对于推动农业农村经济全面发展起到巨大的促进作用。

1. 有利于保持农产品在市场上供给和需求的大体平衡

实践证明，发展农业生产，保证农产品特别是粮食的有效供给是实现国民经济高增长、低通货膨胀的重要基础。农产品尤其是粮食的充分供应，对稳定物价总水平、保持良好的宏观经济形势有重要的支持作用。

政府对农业宏观调控主要是通过以下两个方面的措施来实现的：一是不断加大财政支出，加大农业基础设施建设的力度，建设旱涝保收，稳产高产农田，降低不良自然条件对粮食生产的影响力，力求最大限度地减小粮食产量的波动幅度；二是健全国有粮食等重要农产品储备体系，不断提高应对重要农产品产量波动期对宏观经济形势产生负面影响的能力。

2. 有利于增加农民的收入，提高农村消费能力

我国人口中，农民占多数，农民收入水平在很大程度上影响着整个国民经济运行的质量和速度，农民收入增加，对国内市场的发展和提高农村消费能力都至关重要。由此可见，对农业实施有效的宏观调控，是发展农业生产、增加农民收入、开拓农村市场、扩大内需的重要途径之一。

3. 有利于优化农业产业结构，进而优化农村产业结构

涉农部门经济结构以及整个国民经济结构的调整和优化，有赖于农业经济结构调整和优化的支持。这是因为，农业产业化进程的发展，必将促进农村其他产业经济的发展，同时，农业也是农村建筑业、采掘业、工业以及其他服务业发展的基础，实施农业宏观调控可提升产业和农产品结构层次，从而为农村剩余劳动力转移，发展第二、第三产业创造有利的条件。农业宏观调控将使大农业结构发生较大变化，比如在保证粮食等植物性农产品供给的同时，通过农、科、教一体化等形式，促进畜牧业、林业和渔业的发展；通过调整

经济政策，加快乡镇企业发展的进程，促进农村加工业、运输业、服务业的发展，从而优化农村产业结构。

4.有利于加强农业基础设施建设，改善农业生产环境，促进农业的可持续发展

农业宏观调控的重要手段是加速农业基础设施的财政投入，这是改善农业生产环境，促进农业可持续发展的重要保证。比如"退耕还林""退耕还牧""退耕还湖"等农业宏观调控措施的实施，防护林工程、大江大河大湖的治理以及对妨碍环境保持良好状态的工业发展的规划和调控等，都有力地协调了粮食生产与其他各产业之间的关系，营造了良好的生态环境，为农业可持续发展创造了有利条件。农业抵御自然灾害的能力十分薄弱，只有改善农业生产环境，提高农产品质量，才能解决好农产品供需矛盾，为解决其他社会问题提供物质保证。农产品丰富了可以平抑物价，发展农产品加工业。进行农产品综合开发、专业化生产和农产品加工，既可以吸纳农村剩余劳动力，又可以吸引城市资金、技术向农村延伸转移，为城市企业跨行业经营、职工分流创造条件。因此，农业宏观调控，使农业承担一定的因改革和产业结构调整必须支付的社会成本，对维护社会稳定起到重要作用。

三、农业宏观调控的手段及功能

（一）农业宏观调控的对象

农业宏观调控主要是调控农业市场，政府通过市场作为中介，引导和协调农业生产经营活动。由于农业是弱质产业，农业宏观调控以间接调控手段为主，主要是调控农产品总量和结构平衡，以保持农业内部以及农业和国民经济总体之间的协调和平衡，促进农业经济结构的优化，引导农业经济持续、快速、健康地发展，推动农业和农村的全面进步。

1.农业市场是农业宏观调控的直接对象

在社会主义市场经济条件下，要发挥市场机制在资源配置中的基础和决定性作用。政府通过市场作为中介，引导和协调农业生产经营，使农业生产经营者的微观经济活动符合党和国家制定的农村经济发展战略目标的要求，所以农村市场的繁荣，在整个宏观调控中发挥着极其重要的作用。

因此，农村市场是农业宏观调控的直接对象，政府对农业进行宏观调控时主要保证市场机制按照其内在运行规律运行，通过经济杠杆或经济参数来调节农业市场，即政府向农业市场输入保证农业经济发展战略目标实现的经济参数，使其在市场运行中发生内部机制的转换，最终输出符合农业宏观调控要求的市场信号来达到对农产品生产经营决策引导的目的。而农业市场通过经济规律的作用，自发调节市场供给和需求，也就是调节生产者和经营者之间的利益关系。

2.农业市场的范围及其发展趋势

农业市场，有狭义和广义之分。狭义的农业市场主要是指农产品的流通市场。广义的农业市场包括：与农业生产相关的生产资料和服务性市场，如农药、化肥等农业生产资料

市场；与养殖业有关的饲料、医药、防疫等市场；种子、种苗、科技服务和生产服务市场；农产品贮藏和加工市场；等等。

农业宏观调控的农业市场，主要是指调控产品流通市场，也包括农业生产资料和农业科技、生产等服务市场。随着生产力水平的提高和农业科技的快速发展，农业市场呈进一步深化和扩展的趋势。一方面，农业科学技术的发展，使得农业市场有深化的可能，比如农业科技园市场、生物科技市场；另一方面，现代农业观使农业市场有扩展的趋势，比如农业功能的扩展，农业要为人类提供良好的生活环境、绿化、美化、净化生态环境等，而农业功能的扩展使农业市场进一步扩大，比如荒山使用权的拍卖等。

除了以上从经济学的角度分析农业宏观调控外，根据政治经济学的观点，农业的宏观调控还包括农业中农业生产关系的调整和结构优化。

（二）农业宏观调控的内容

政府进行农业宏观调控，目的是要通过各种直接和间接的干预措施，消除农业的弱质性，保持农业持续、健康、稳定发展，其主要内容包括以下几方面：

1.保护农业，提高农民收入

农业是整个国民经济的基础，在工业化初期，农业要为工业的发展提供资本积累，但由此所转移的农业经济利益绝不能超过农业剩余，要保护农业具有进一步扩大再生产、为社会提供更多农业剩余的能力。农业是天生的弱质产业，农业技术进步相对较缓慢，资源调整较难；随着经济不断发展，产业不断分化，产业结构不断升级，农产品的需求弹性越来越小；农产品是典型的"同质产品"，不易创新，内部不像第二、第三产业那样容易分化，造成农业的贸易条件不断恶化，比较利益下降。因此，在工业化后期，对农业实行真正意义上的保护政策，从而使经济利益向农业净流入，缩小农业与非农产业就业人员的收入差距，成为政府对农业宏观调控的重要目标。

市场经济的运行不断地追求着效率的最大化，在这一过程中，如果没有外力在维护收入分配公平的话，那么，效率与公平的矛盾，以及其外部的表现形态，社会的贫富分化将会变得严重起来，直到危及社会的稳定。农民的收入低于非农产业就业人员，这是世界各国农业中的一个普遍性问题。恩格尔定律的存在和农业剩余劳动力向外转移速度缓慢，是造成农民收入低下的经济原因。市场本身不能够保证农业与非农产业就业人员之间的收入公平，解决这一社会问题，必须通过政府行为来加以协调。应该说，农业与非农产业就业者存在一定的收入差距，有利于整个产业结构的调整，有利于农业人口的向外转移。

2.支持农业生产发展，满足社会对农产品的需求

政府对农业的宏观调控，要着眼于提高农业的生产力水平，保证农业持续、快速、健康发展。生产力水平是提高农业生产率的基础条件，是世界各国政府对农业进行宏观调控的重要目标之一。一方面，农业生产率的提高是其他农业宏观调控目标得以实现的前提，如在农业人口和耕地面积增长停滞，甚至下降的情况下，要实现农产品市场的稳定和农产

品的可靠供应，就必须不断地提高农业生产率水平；而且也只有当农产品产量的增加建立在农业生产率提高的基础上，农民收入增加的目标才比较容易实现。另一方面，农业生产率水平的提高也是增强农产品国际竞争力的重要保证和农业现代化的根本标志。

随着人口的增加和人们收入水平的提高，社会对农产品的需求也将不断地增加，但由于耕地减少、土地荒漠化、水资源短缺以及其他水旱病虫等自然灾害，中国等发展中国家农产品供给能力面临挑战，从数量上满足社会对农产品的需求，仍然是发展中国家的重要任务。

3. 培育农业市场机制，稳定农产品市场

政府对农业的宏观调控，必须建立在市场机制充分发挥作用的基础之上。如果市场机制不完善，势必要增加政府对农业宏观调控的力度、范围和难度，而政府行为失灵，又会造成更大的效率损失。因此，政府必须首先培育农业市场机制，让市场充分发挥配置资源的基础性作用，政府只对农业市场失灵的部分进行宏观调控。

像中国这样原来实行计划经济体制的发展中国家，市场机制发育相对不足，表现为市场主体缺乏，市场体系不健全，市场运作法规不完善。为此政府要让农户和企业成为真正的市场主体，改变政企不分和政府行为与企业行为扭曲的现象；政府要培育农产品市场和农业要素市场，以便形成一个完整的农业市场体系；政府要制定完善的农业市场规则，维护市场秩序，使各市场主体能够按照市场规则合理运作、公平竞争。

4. 提供农业所需的公共物品

由于公共物品的外部性特征，一般情况下，市场主体不会提供公共物品，而政府才是公共物品最合适的提供者。为了支持农业、保护农业，提高农业生产效率，保证农业持续、快速、健康发展，促进农业资源有效配置，为农业提供公共物品是政府宏观调控的一项重要任务。

政府为农业提供的公共物品最主要的有，为农业服务的大中型水库、大型排灌输水渠道、道路、通信等基础设施，以及农业研究、技术推广咨询、农村基础教育和农业培训等。

5. 保护农业资源，改善生态环境

农业是与自然资源和生态环境关系最为密切的产业。一方面，农业的发展离不开良好的生态环境，离不开自然资源的支撑；另一方面，农业生产又对自然资源和生态环境产生很大的影响，不当的生产方式会损害生态系统的平衡，造成自然资源的破坏和浪费。自然资源及生态环境系统的损害，则会影响农业的可持续发展。良好的生态环境是一种稀缺的资源，具有巨大的正外部效应。

因此，政府对农业的宏观调控还必须十分注意保护各种农业资源，如土地资源、水资源、林业资源、海洋资源、各种生物资源等，保护环境，维护生态平衡，实现资源的可持续利用和农业的可持续发展。以自然资源的可持续利用和农业的可持续发展为内容的生态环境目标，应该是政府对农业进行宏观调控的基本目标之一。

四、农业宏观调控的原则及手段

（一）农业宏观调控的原则

1. 间接调控原则

在农业宏观调控体系中，实施农业宏观调控的主体是政府，接受农业宏观调控的对象是企业和农户等微观经济单位。政府的宏观调控，就是要把微观经济单位分散的经济活动统一于整个社会的大目标之下，使微观经济主体的行为符合整个社会经济发展的要求。但是，政府对微观经济单位的调控，并不是"政府—农户、企业"的直接作用过程，而是"政府—市场—农户、企业"的间接作用过程，即政府的调控通过市场传递给农户和企业来产生作用，这就是间接调控原则。因此，农业宏观调控的基本思路和运作过程是，政府调节市场，市场引导生产经营主体。在这里，政府调控是宏观层次的，其直接作用的对象主要是市场；而市场调节是基础层次的，其直接调节的对象是农户或企业。在政府—市场—农户、企业的运行体系中，市场处于中介或轴心的位置，市场接受政府体现社会偏好的调控信号，再把这些信号传递给微观经济单位，农户和企业对变化了的市场条件做出反应，按照利润最大化的准则调整资源配置和生产经营行为，最终使微观主体的行为符合宏观调控的要求。所以，农业宏观调控最重要的特征就是间接调控，是通过市场客观的调控。

2. 兼顾公平与效率原则

市场机制可以解决效率问题，却不能解决公平问题。因此，调节收入分配，实现社会公平，就成为政府实现宏观调控的基本政策取向。由于公平与效率是一种交替关系，对公平的追求会引起效率损失，而没有效率支撑的公平则又是毫无意义的。因此，政府在宏观调控中坚持社会公平取向的同时，必须兼顾效率，做到公平与效率兼顾，社会效益和经济效益统一。兼顾公平与效率原则，要求政府在实施农业宏观调控时，必须以不排斥或限制市场机制正向功能的发挥为前提；也就是说，凡是市场机制能够做好的事，政府就不要插手干预，而应放手让市场去完成，以提高经济运行的效率。政府的职责就是努力为市场机制充分发挥作用创造必要的条件，或通过弥补市场的缺陷而使市场机制更充分地发挥调节功能。

3. 政企分离原则

宏观调控是典型的政府行为，为了确保市场竞争的公平性和政府调控的有效性，宏观调控指令的载体或执行者必须是政府或准政府部门，如农产品专储部门、中央银行等，而不是具有自身利益的商业企业或其他组织，真正做到政企分开，否则将事倍功半，甚至有很大的反作用。要建立良好的政企关系，政府必须为农业企业创造良好的制度环境、市场环境，主要是指建立健全社会保障制度，建立企业的联合、改组、兼并、破产制度，改革银行金融制度，建立资本市场、产权交易市场、劳动力市场等。

（二）农业宏观调控的手段

在宏观调控手段上，学界一般认为有计划手段、经济手段、法律手段、行政手段等。并且，这些手段互相联系、互相制约、协调配合，共同作用于市场，构成宏观调控手段体系。

1. 计划手段

计划手段是政府通过统一规划的发展战略，统一规划协调资源配置以及对宏观经济的检测，引导国民经济正常运行。社会主义市场经济条件下的计划手段以市场为基础，反映市场经济中宏观经济活动规律，其突出特点是宏观性、战略性、政策性，它是指导性或导向性的计划，是符合价值规律的客观要求的。

在市场经济中，政府制订经济发展计划是对未来的发展目标、发展途径的设计与谋划，是对一定时期经济发展目标的具体化、数量化，以及对经济发展的重点、途径、手段、时间进度的安排。

农业中的计划手段包括制定和颁布农业发展战略、农业发展计划和农业规划。农业发展战略为农业发展指明方向，成为制订农业发展计划的依据；农业发展计划是政府对农业中期、短期发展的安排；农业发展规划是对农业发展远景的谋划，也常用于专业性、区域性的长远发展计划。

2. 经济手段

经济手段指运用经济政策、经济杠杆，通过调节各种利益关系，实现宏观经济政策目标的一种调控工具。经济手段作为宏观调控手段中最为主要也是最为重要的手段，在一定的经济理论和经济政策的指导下，利用经济杠杆的驱动、经济参数的变化，实现干预调节经济活动的目的。

经济手段主要包括财政手段、货币手段和金融手段。财政手段具体包括国家预算、税收、国债、财政补贴、财政管理体制、转移支付制度等，这些手段既可单独使用，又可以相互配合协调使用。农业宏观调控的经济手段可以划分为直接经济手段和间接经济手段。

（1）直接经济手段

市场经济条件下农业发展中的政府宏观调控手段，依靠使用直接的经济手段是一个重要方面。主要体现在政府对农产品的价格、订购、储备、市场等经济方面施以积极的影响。

①关键性大宗农产品的直接采购。国家每年要收购并储备一定数量的粮棉产品，以保证大城市、大工矿区、军特需和特大自然灾害赈济的供应，但这种收购不再是层层下指标，而是改向一些大中型粮棉购销企业和经营者按市场价格收购粮棉产品，并主要是向大的粮棉集中产区和国家级的商品粮基地县收购。这两类地区是中央政府采取倾斜政策，通过稳定订购加以保护的对象。

②建立粮食专项储备制度，平抑农产品市场供求的波动。农业生产受自然条件的影响，农产品产量的年际波动较大，丰收而至的"谷贱伤农"及歉收而至的"灾荒"均不利于农业生产者收入增加、农产品市场的稳定和农业生产的稳定增长。为了确保农业生产者的正

常利益，政府应当拨出一定的财政资金去充实已有的储备系统，扩大对农副产品的吞吐能力。粮食等农产品储备的基本功能，除稳定供求之外，还能平抑价格波动。

③建立农产品价格调节基金制度。为了落实农产品收购保护价格措施，必须建立农产品价格调节基金制度，作为政府实施调控的经济手段，用于平抑价格的过度波动。一些地区建立了副食品价格调节基金和粮食价格基金，取得了较好成效。但要强调两点：一要保证各调节基金的资金来源，并列入财政预算；二是在中央和省级设立调节基金。

④建立农产品批发市场、期货市场调控主要农产品价格。农业自然再生产特性所固有的生产周期的刚性，使农业生产者的生产决策总滞后于农产品市场信号的变动，这给农产品长期供需的均衡造成了很大的困难；农业自然再生产特性所导致的农业生产的区域性，使农产品的供需很难在区域内达成均衡。为了实现农产品供需的长期均衡和区际均衡，政府除了在健全农产品市场信息系统上发挥重要作用外，还应当扶持农产品市场体系，尤其是农产品批发市场、期货市场的建设。农产品市场体系建设具有社会公共基础事业性质，而且农产品市场的建设还要与公共交通通信设施建设相配套。这并非农户或农户联合组织单独所能承担的。同时，政府还负有规范农产品市场交易秩序的职责。因此，大多数市场经济国家的政府十分重视农产品市场的建设。此外，为了稳定农产品市场、保护生产者和消费者的利益，许多国家的政府根据各自的国情，对主要农产品的价格按法定程序进行一定的干预。

⑤积极发展生产要素市场，进一步健全农村市场体系。经过几十年的改革，我国农业生产经营的微观激励机制已初步形成，但在资源优化配置和农户经营环境等方面却相对滞后，投资结构、投入机制虽有一定变化，但没有根本性突破，原因是同产品市场较高的发育和完善程度相比，生产要素市场发育难以适应农村市场经济发展的需要。农产品市场已基本放开，而劳动力、资本、土地等生产要素的流动障碍太多。因此，促进生产要素市场的发育，为全面地、较大幅度地调整农林产品结构和产业结构，优化资源配置创造条件和保证。发育生产要素市场的重点是推动劳动力、资本和土地的合理流动。农村劳动力市场调控的重点应是促进区域间劳动力大规模流动，适时废除户籍制度和劳动力的流动壁垒，进一步完善农村劳动力市场。土地市场调控的重点是尽快建立一种流转机制，以期促进土地流转市场的形成和逐步完善。资金市场调控的重点是尽快建立一个能够满足用户需求的资金信贷规模、结构以及信贷难易程度适中的资金市场。

（2）间接经济手段

主要是政府通过制定农业经济政策，指导和影响农业经济活动，体现政府宏观调控农业经济的思想及主张，反映政府的农业发展方向和目标。

①农村基本政策。在家庭承包经营为基础的统分结合的多层经营体制的基础上，坚决落实土地承包长期不变的政策，在自愿有偿原则下允许土地使用权的合理转让。坚持粮食收购政策，保障粮食收购资金落实到位，坚决执行粮食收购按照保护价敞开收购政策等。

②农业财政政策。它是通过政府收支总量和结构调整的变化调控农业经济运行的方法

和策略。农业财政支出政策是通过财政再分配对农业直接投入，或者是国民收入分配过程中对农业的净流入，是政府对农业资金投入的主渠道，重点是财政对农林生产支出，对农林水气各部门的基本建设拨款，农业科技费用，农林水气事业经费，农村救灾费等。为了适应市场经济的基本需要，财政用于农业支出增长幅度应当超过财政经常性收入的增长幅度。农业财政在农业宏观调控中的运用，主要是加大农业财政支出力度，大力扶持农用工业、农业科研和农业科技推广力度。

③农业货币政策。货币政策是中央银行组织和调节全国货币流通量，使信贷和利率符合国家宏观经济发展目标的一种经济政策。农业货币政策的主要内容包括：一是农业信贷总量的调控，即调节和控制农业贷款总规模存量；二是调控信贷结构，即调控贷款投向和布局，按国家产业政策和区域政策保证农业贷款用到政府鼓励发展的农业产业和区域发展急需的项目上，发挥商业银行和政策性银行贷款投入的导向性，使贷款布局由分散到集中，支持农业产业化经营，保证农产品收购资金到位，形成集约经营和规模经济优势，支持农业科技推广和社会化服务建设，增强信贷的牵引和辐射作用。

④农业产业政策。包括国家从促进农业持续稳定发展，为使农业产业合理化、现代化，对其经济活动进行干预和引导，以弥补市场缺陷的一系列准则和措施的总称。它是各地区调整农业产业结构及农产品结构的依据，包括农、林、牧、渔各业之间的相互关系的产业结构政策和处理各产业内部产前、产中、产后之间相互关系的产业组织政策等。

⑤农业价格政策。目前农产品价格主要是由市场形成和调节，在主要农产品价格出现较大波动时，政府主要是通过国家储备和进出口等手段，调控农产品市场，防止农产品价格大起大落。其他的一般农产品完全让市场机制决定其购销价格。

⑥通过收集、发布市场信息来指导农业生产。农产品市场信息系统的建立和健全有助于全社会农产品市场的稳定，而且由于农村相对交通不发达，农民文化素质相对较低，许多农民习惯于旧做法，从众心理和随大流的意识较强，自己捕捉信息，进行决策的能力较差。因此，政府应当扶持市场信息的收集与发布等方面的工作。信息系统，可以包括农产品的市场价格、政府干预价格、政府农业生产的指导计划、汇率以及生产资料价格等多种与农业生产者直接或间接相关的有关信息。

（3）法律手段

法律手段指运用经济法律规范，通过经济立法和经济司法进行宏观经济调控，维护经济秩序的一种工具。市场经济中的法律规范是极其重要的，如果没有完整严密的法律体系以及相应的立法、司法和执行职能，就没有市场经济的正常运转。法律手段通常是通过调整各种经济关系和维护市场秩序，为宏观经济政策的实现和国民经济的良性循环创造条件。

由于农业具有社会效益高、经济效益低、受自然条件影响大的特点，在国家工业化过程中，农业往往处于十分不利的地位，农业和农民的利益很容易受到损害。但农业是国民经济的基础，也是国家安定的基础，国家对农业必须采取特殊的措施加以保护和支持，并把国家对农业的支持政策法律化、条理化，同时加强农业执法。法律手段和经济手段不同，它不是以物质利益为诱导，而是以超经济的国家强制力量来确定权利、义务关系。市场经济是以法治为基础的经济，随着农业经济体制改革的深化，法律手段在农业宏观调控中的作用必将日益增强。"以法治农"是发展方向，关键是要借鉴发达国家的经验，运用政策指导农业的同时，强化经济立法工作，建立起完备的农业法律体系，加强农业的基础地位。

因此，必须形成一套系统的适应市场经济发展和农业宏观调控的法律监督体系，包括农业投资、农业资源与环境保护、农民产权和权益的保护、农产品质量监测、规范市场交易秩序等专门法律，以法治农，以法管农。

（4）行政手段

行政手段是国家凭借行政权力，用颁布行政命令和依靠行政措施等调节经济活动的一种工具。必要的行政手段是整个宏观经济管理体系中不可缺少的组成部分，尤其是对我国这样尚处在市场经济机制建设和完善过程中的国家来说，运用必要的行政手段，能够及时解决重大的、有关国计民生的全局性问题，是恢复经济秩序的有效措施。

实行市场经济，并非取消行政手段，而是要调整它与经济杠杆等宏观调控手段的关系，为经济杠杆正常发挥作用创造条件。对于运用经济手段不能很好地奏效或者不适合运用法律手段来进行规范的粮食问题，则应该大胆而坚决地运用行政手段加以干预。

（三）农业宏观调控手段的特点

农业宏观调控的各种手段相互联系、相互补充，共同构成了宏观经济调控手段的体系，发挥着宏观调控手段的整体功能，主要具备以下特点：

1. 复合性

农业宏观调控调节农业经济运行，是多种形式、不同层次、不同力度调节手段的共同调节，是各种调节手段复合重叠的调节，以经济手段、法律手段为主，辅之以行政手段和计划手段。随着市场经济的不断发展和市场经济体制的不断完善，宏观调控中的经济手段和法律手段将不断得到强化，而行政手段则逐步趋向缩减（但不会最终消失）。

2. 目的性

各种调控手段的运用都是为既定的农业经济发展目标服务，以自身独特的方式达到一定的局部目标或单向目标，但必须围绕着一个总目标，也就是农业增产、农民增收、农村发展和社会稳定。为实现这个总目标服务，各种调节手段的作用方向和所要达到的目标是一致的。

3. 统一性

农业宏观调控必须在中央政府的统一指导下进行，不同调节手段、调节重点、调节力度、调节时间都必须统一部署、统一行为，而不能各行其是，否则就达不到调控的目的。

4. 波及性

各种调控手段相互联系、相互作用，形成一个调控体系。某一种调节手段的调节方向和调节力度发生变化，就会影响到其他调节手段和方法的实施效果，产生灵敏的连锁波动效应。比如粮食价格提高，就会增加食品加工业的成本，提高其价格，进而导致居民消费支出上涨，国家就要考虑增加居民收入，最后导致企事业人工成本和国家财政等发生相应的变化。

第二节　农业经济的微观组织

一、农业中的产权结构与经济组织形式

（一）产权与产权结构

1.产权

产权是经济所有制关系的法律表现形式，是指财产主体（生产资料所有者和使用权拥有者）对财产（生产资料和经营收益）的权利。它包括财产的所有权、使用权、收益权和处置权。

（1）所有权

是指对财产独占性的支配权利。财产所有权主体依法对自己的财产享有占有、使用、收益和处置的权利，同时必须承担与其权利相对等的责任和义务。

（2）使用权

是指不改变财产的本质而依法加以利用的权利。通常由财产所有权主体行使，但也可依法律、政策或所有权主体之意愿而转移给他人。在现代经济社会中，所有权与使用权相分离的情形普遍存在。不给予财产以独立的使用权，就不能为使用者主体树立独立经营的地位。使用者在获得某一财产的使用权后，就有了对财产的收益权和处置权。使用者不但对所有者承担一定的责任和义务，而且也对整个社会承担一定的责任和义务，也就是说，使用权获得者是一个民事法律主体。与此同时，所有者也必须根据法律或契约规定，对使用者让渡其财产的一部分权利，并对使用者承担一定的责任和义务。

（3）收益权

是指财产投入经济活动后，所有者主体和使用者主体对财产产生的收益进行分割的权利。在一般情况下财产经过适当使用可带来收益，而正因为财产能够带来收益，无论是所有者还是经营者，都有权要求得到财产收益。收益权与所有权、使用权紧密联系在一起，并从属于所有权和使用权。

（4）处置权

是指对财产进行更新、转移、重组等处置性的权利。它和收益权一样同属于连带产权，只能由所有者和使用者掌握。在市场经济条件下，各种财产利益的实现一般都要通过市场的商品交换来完成，并受到市场需求与市场供给的影响而产生变化，这对财产的更新、转移、重组等提出了处置的要求。

通常认为所有权、使用权是产权的主要权能，而收益权和处置权是一种连带产权权能，从属于所有权和使用权。产权的属性主要表现在三个方面：经济实体性、可分离性、产权流动的独立性。产权的功能包括激励功能、约束功能、资源配置功能、协调功能等。

2. 产权结构

产权结构是指不同类型的产权所构成的产权框架及其比例。产权类型是以财产的所有权和使用权来划分的，其中所有权是最核心的内容。现阶段我国农业中的产权结构，按照所有权的不同划分为：

（1）国有产权

指生产资料归国家所有的一种产权类型，是社会主义公有制经济的重要组成部分。我国农业中的国有产权经济主要形式有：

①直接从事农业生产的国有农场、林场、牧场、渔场等。国有农场是最主要的内容和形式。国有农场的土地、资产归国家所有，接受国家政策指导，并按市场需求组织生产经营活动。国有农场一般规模较大，资源丰富，技术装备水平较高，有较高的劳动生产率和商品率。

②从某一方面为农业服务的各类农业企业和农业事业单位。如一些国有集团、公司、农业技术推广中心等。

（2）集体产权

指生产资料归集体所有的一种产权类型，是社会主义公有制经济的组成部分。我国农村的集体产权主要包括社区性（村级）合作经济、专业性合作经济、乡镇集体企业等。

（3）个体产权

指生产资料归劳动者个人所有，以个体劳动为基础，劳动成果归劳动者个人占有和支配的一种产权类型。我国农村实行家庭联产承包责任制后，农业中的个体产权形式主要有三种类型：一是承包集体土地等生产资料形成的农户承包经济，这是农业个体产权的主要类型；二是农户利用自己的资本、劳动力从事家庭养殖、农副产品加工、商业等经济活动；三是从国有农场中分化出来的"职工家庭农场"。

（4）私营产权

是指生产资料归私人所有，以雇佣劳动为基础的产权类型。我国农业中的私营产权形式主要是一些农户租赁大规模土地或水面，尤其是大面积的荒山、荒坡、荒滩、荒水，进行农业生产经营活动。由于生产规模较大，常常需要雇用较多的劳动力从事农业生产。

（5）联营产权

指不同所有制性质的经济主体之间共同投资组成新的经济实体的一种产权类型。在现代农业中，联营产权主要采取公司制的组织形式，包括股份有限公司和有限责任公司等。

（6）其他产权

指以上几种产权类型之外的产权类型，如中外合资（合作）产权等。

（二）现代农业产权结构的基本特征

随着现代农业生产力的迅速发展，现代农业产权结构发生了很大变化。与传统农业阶段相比，现代农业产权结构具有以下四个基本特征：

1. 产权主体多元化

在现代农业中，生产资料的所有者和使用者都是其产权主体。在生产资料所有者层面，包括国有、私有、集体所有、联合所有等多种形式；在生产资料使用者层面，包括自有自营者、向所有者租赁或承包经营的独立法人、隶属所有者的组织或个人。产权主体的多元化，有利于产权关系的调整、重组和灵活运转。

2. 产权关系明晰化

在现代农业中，所有者与使用者之间，通常通过承包或租赁合同等形式，明确其权、责、利关系；在所有者之间，不仅不同的经济实体之间有明确的财产边界，即使是在集体或联合体内部，各所有者之间也要通过各种形式的财产所有权凭证（如地产证、股票、股权证），明确其财产边界。产权关系的明晰化，有利于生产资料的合理使用，也有利于财产的处置和经营成果的合理分配。

3. 收益权实现多样化

在传统农业阶段，土地等生产资料的所有权，是享有收益权的主要依据。在现代农业中，由于生产资料使用权与所有权的分离，不仅所有权享有收益权，使用权也成为参与收益分配的重要依据。同时，劳动、资本、技术和管理等要素，依据其在生产经营过程中的作用而享有相应份额的收益权。收益权实现的多样化是建立现代农业运行机制的基础和客观依据。

4. 产权交易市场化

在市场经济条件下，现代农业生产资料，无论是所有权的让渡，还是使用权的流转，均可以通过产权进行交易。通过产权市场公开、公平、公正的交易，不仅可以保证交易主体的正当权益，而且有利于生产资源的合理配置和有效利用。

（三）农业经营组织的形式

农业经营组织指从事农业生产经营活动、具有独立经济实体地位的劳动组织。我国现行的农业经营组织包括农业集体经济组织、农业合作经济组织、农业企业和其他从事农业生产经营的组织。

1. 农业集体经济组织

农业集体经济组织也称农村集体经济组织，它既不同于企业法人，又不同于社会团体，也不同于行政机关，自有其独特的政治性质和法律性质。由于农业集体经济组织是以社区农用土地为资产基础、以社区全体农户为天然成员组成的，所以也称为社区集体经济组织。它是一种政府主导型的合作经济组织，一般是以行政村或村民组为组织界限，在土地集体所有和农户家庭承包经营基础上，实行"统分结合、双层经营"方式的合作组织。

2. 农业合作经济组织

农业合作经济组织是指农民家庭经营为主的农业小生产者，为了维护和改善各自的生产和生活条件，在自愿互助和平等互利的基础上，联合从事特定经济活动所组成的互助性组织形式。在农村家庭承包经营基础上，农产品的生产经营者或者农业生产经营服务的提供者、利用者，自愿联合、民主管理的互助性经济组织。

作为初级农产品生产者的农民群体是中国社会最大的弱势群体。提高农民的组织化程度，成立有效的农业合作经济组织，分担了政府与社会的职责，促进了农村社会的繁荣和稳定。现阶段我国农业合作经济组织主要有以下几种类型：

（1）社区性合作经济组织

农村集体经济组织在原来"三级所有，队为基础"的集体遗产基础上，经过推行家庭联产承包责任制一系列改革，以社区集体所有的土地为中心，以农业生产为主要内容，以原来的生产队自然村为单位设置的合作经济组织。实质上就是指农业集体经济的组织载体。

（2）农民专业合作组织

原来的农民专业合作组织是指以农民入股为主组建的农村流通领域的供销合作社和农村金融领域的信用合作社。由于多次改革和历史变迁，这两种农民专业合作组织逐渐转变了性质，农民失去了两种合作社的社员身份。现在的农民专业合作组织主要是指农民专业合作社，即指在农村家庭承包经营基础上，农产品的生产经营者或者农业生产经营服务的提供者、利用者，自愿联合、民主管理的互助性经济组织。这类合作组织可以是跨地区的，一个农户也可以参加一个以上的专业合作组织。

（3）农村股份合作制企业

农村股份合作制是在农村原有合作制基础上，实行劳动者的资本联合，把合作制与股份制结合起来的具有中国特色的农业生产组织制度。股份合作制既不完全等同于股份制，也不完全等同于合作制，而是以劳动合作为基础，吸收了股份制的一些做法，使劳动合作与资本合作有机结合。

农业合作经济组织是带动农户进入市场的基本主体，是发展农村集体经济的新型实体，是创新农村社会管理的有效载体。

3. 农业企业

农业企业是指经市场监督管理部门注册，实行独立经营、自负盈亏，建立的从事农业生产经营的经济组织，包括国有农业企业与其他所有制形式的农业企业。农业企业可以按以下标准进行分类：

（1）按企业组织形式

可以分为公司制企业、合伙企业、独资企业等，公司制的农业企业又可分为股份有限公司、有限责任公司等。

（2）按生产产品的类别

可以分为：种植业企业，是单纯从事种植业的生产经营实体；林业（园艺）企业，是从事林木营造和园艺产品生产经营的实体；畜牧业企业，是从事动物养殖的生产经营实体；水产企业，是从事水产捕捞和水产养殖的生产经营实体；农产品加工企业，是以农产品为原料，从事农、林、畜、水产品加工和制作的生产经营实体。

（3）按经营农业产业链的环节

可分为初级农产品生产企业、农产品加工企业、农产品流通企业、农业服务企业和农工商一体化企业。

随着我国经济体制改革的深化，农业企业的具体形式将呈现多样化、综合化、高级化的发展趋势。

4.其他农业经营组织

除上述几种农业生产经营组织之外，从事农业生产经营的组织，包括供销合作社、国有和其他组织和个人设立的从事农业科研、推广的经营性单位等。家庭承包经营重建了我国的农户经济后，分散经营的农户出于对社会化分工和协作的基本需求以及抵御农业风险的需要，开始以各种方式寻求联合与合作，涌现出了各类不同的新型农业经营组织。具体来看，我国现阶段农业经营组织的联合与合作形式主要有以下两种：

（1）农民专业协会

简称专业农协，专业农协是指由农民自愿、自发组织起来，以增加成员的收入为目的，在农户经营基础上，实行资金、技术、生产、供销等互助合作的民办技术经济合作组织。农民专业协会以从事专业生产的农民为主体，以经济利益为纽带，按照合作原则联合经营、自负盈亏、利益分享、风险共担。

（2）农业产业化经营组织

农业产业化经营可理解为从组织上把农业生产企业同与其关联的部门在供应、生产、销售等方面的活动结合为一个统一体的过程。农业产业化经营组织可理解为农业生产企业同与其关联的部门在供应、生产、销售等方面活动具体结合的形式。从农业产业化经营组织形式的构成来看，不管哪个国家的产业化经营组织，其主体和基础都是农户或农场。其实质是农户（农场）通过某种中介组织（如企业、公司、合作社等经济组织），把自己与市场连接起来，在从事农业生产的同时，通过贸工农一体化，参与农产品的加工和流通，从而使自己生产的农产品在市场上顺利卖出，不再为时而短缺、时而卖难的波动而苦恼。此外还能打破旧的不合理的利益分配格局，分享在流通、加工过程中增值的平均利润。因此，农业产业化经营组织的基本形式应该是"农户（农场）＋中介组织＋市场"。

二、农业家庭经营

农业家庭经营是指以农户家庭为单位，以使用家庭劳动力为主从事农业生产经营活动的基本组织形式，具有独立的或相对独立的经营自主权的生产经营单位。中国的农业家庭经营已经存在2000多年，目前农户家庭仍是中国农业最基本的经营主体。他们既是农村社区集体经济组织的成员，同时作为集体土地的承包户，又是相对独立的农业生产经营单位。

（一）中国农业家庭承包经营的特点

我国的农业家庭经营，大体经历了"个体农户"时期、"集体经济"时期和"双层经营"时期三个阶段。现行的农业家庭承包经营有其特有的属性和特点。

1. 我国农业家庭承包经营的本质属性

家庭承包经营是中国农村土地的基本使用制度和农业的基本经营制度。集体经济组织将集体所有或国家所有归其使用的土地等生产资料发包给本组织的成员，承包经营者对所承包的生产资料享有占有权、使用权、收益权以及国家政策和本组织章程所允许的处分权，独立行使经营自主权，并按承包合同规定履行上缴承包金和其他义务，集体组织根据生产需要和实际可能，提供各种服务，进行必要的管理协调。我国农业家庭承包经营具有以下属性：

①农业家庭承包经营是集体经济内部的承包经营，不同于个体的或资本主义的农业家庭经营，而是社会主义经济的组成部分。

②农业家庭承包经营是集体经济内部的一个相对独立的经营单位，因而不同于集体经济内部的一般分工，它直接构成市场的经营主体。

③农业是家庭承包经营的最重要的生产资料——土地是公有的，农户是承包者，土地所有权与使用权是分离的，农户拥有承包土地使用权。

④农户享有家庭承包经营的收益分配权，除了依据法律和承包合同向国家和集体的缴纳外，家庭承包经营的收益均归农户所有。

⑤家庭承包经营是集体经济的一个基本经营层次，集体经济还有统一经营的层次，而且两个经营层次是密切结合在一起的。

2. 我国农业家庭承包经营的特点

在中国农业从传统向现代化转化的进程中，农业家庭承包经营兼有以下特点：

（1）分散性与统一性

农业家庭经营始于自给自足的自然经济。目前农业双层经营体制下的家庭经营，一方面，农户家庭是集体经济的一个经营层次，属于新型的家庭经济，无论与过去的集体经济比较，还是与规模较大的国营农场经营比较，它都是一个相对独立的生产经营单位，实行自主经营，表现为"分散性"；另一方面，作为承包经营户，是社区集体经济组织的成员，依据承包合同，接受社区的统一规划指导、机械作业和各种信息服务等，从事生产经营活动，表现为"统一性"的特点。各地因经济发展水平和管理方式的不同，其统一的项目、手段与范围等也有所不同。随着农村社会生产力的发展，农户自主决策的分散经营与以合作、联合为特色的统一经营的联系将日益紧密。

（2）灵活性与计划性

与计划经济时期的集体经济相比较，市场经济条件下的农民家庭，拥有更多的经营自主权，其人员少，规模小，管理层次少，可以根据市场需求变化，及时调整生产方向，做出相应决策，其经营具有较强的灵活性；同时，一般农户虽然没有正规的书面计划，但大多能按照市场行情和自身消费需要，做出一定的计划安排。随着农户家庭经营规模的扩大，农民文化水平的提高，农户经营计划内容将不断丰富，作用也日益突出。

（3）自给性与商品化

由于各地农业生产水平和市场环境不同，农户自给性的生产和商品化生产的程度及其比例关系不尽相同。在交通不发达的边远地区，市场范围小，产品运销不便，常形成自给性生产为主与商品化生产为辅的结合经营形态；在交通方便的城市近郊、经济发达地区，市场区位优势突出，多发展适应市场需求的商品化生产，形成商品化生产为主和自给性生产为辅相结合的经营形态。市场经济体系的不断完善，农村工业化和农业现代化进程的加快，将极大地促进农业土地使用权的合理流转。随着社会分工的发展和社会生产力水平的提高，农业家庭经营的自给性将逐渐弱化，不断走向商品化、市场化是一种历史的必然。农户只有实现农业生产的商品化，才能打破"自给自足"和"小而全"的农业生产模式，使农业生产走上专业化的道路和获得专业化发展的好处；才能打破农业生产的自我封闭状态，获得外界各种生产要素的支援；才能促使农民在生产中讲求效率和节约成本，才能提高经济效益和增加收入。

（4）专业化与兼业化

农业家庭经营的专业化，即指农户从事某一项生产或劳务的经营，逐步摆脱"小而全"的生产结构，生产项目由多到少，由分散到集中，由自给自足转变为专门为市场生产某种（类）农产品。农业家庭经营的专业化有利于充分发挥各农户的自然经济条件的优势，可以最大限度地利用优势集中生产和经营。农业家庭经营的兼业化是指以户为单位实行主业与辅业相结合的经营，即依据劳动者的专长和有利的自然经济条件及市场需求状况，选择除耕种土地或畜禽养殖等某项生产为主业外，同时又利用剩余劳动时间和其他生产资源从事某些辅业。由于每个农户土地经营规模过小及生产机械化程度的提高，仅靠农业生产经营难以满足农户生活水平日益提高的需要，大量农村劳动力出现剩余，于是就出现了农户的兼业化现象。

农业家庭经营的专业化既给农户带来致富的机会，也使农户经营的风险加大。这不仅因为一旦遇到自然灾害将遭到严重损害，更主要的是因为还要面对更大的市场风险。现在，农业家庭经营除经营农业外，还可从事工业、商业、运输、建筑、服务业等经营项目，不放弃承包的土地，在从事农业的同时又兼营其他，这样一来，既可以分散经营风险，又可以获得更多的收入来源。

现代农业家庭经营已与传统农业家庭经营有了质的区别，它保留了家庭经营的好处，又克服了传统经营的弱点，使其能与现代农业生产力相适应。

（二）农业家庭经营的类型

农业家庭经营有多种分类方法，下面介绍几种主要分类经营形式：

1. 按其在双层经营中的关系划分

（1）承包经营型

是在坚持土地等主生产资料公有制的基础上，在合作经济组织的统一管理下，将集体所有的土地发包给农户耕种，实行自主经营，包干分配。

（2）自有经营型

是农户使用集体所有、农户永久占用的住宅庭院，包括房前屋后及划归农户开发利用的街道路边和隙地，利用自有资产而独立进行的家庭开发经营。它以市场需求为导向，自行独立地进行生产经营活动。

（3）承包经营与自有经营结合型

随着农村经济体制改革的深入、市场经济发展与农户家庭经营自主权的扩大，自有经营型比重加大，多数农户是承包经营与自有经营相结合型，少数是自有经营型。

2. 按从事农业生产劳动专业化程度划分

（1）专业农户经营

是指以农业收入作为家庭主要收入来源的农户，其从业收入（指工资性收入与家庭经营净收入之和）的90%以上来源于家庭经营中的农业经营。全职农户可以分为两类，一类是规模经营农户，一类是小农户。

（2）一兼农户经营

农户兼业指农户不仅从事农业生产，还从事非农业生产的现象，不同国家、不同地区对兼业农户的划分标准存在差异。以农业劳动力从业时间为准，一兼农户经营是指在家庭经营中以经营农业为主，兼营非农产业，且家庭必须有一个整劳动力从事农业生产，在一年内其从事农业劳动的时间要在150天以上。

（3）二兼农户经营

是以经营非农产业为主，以兼营农业为辅。这类兼业户，家庭成员中的主要劳动力全年从事农业生产活动的时间在150天以下。

3. 按家庭经营的组织化程度划分

（1）单个经营型

即分散经营型。小规模分散经营是我国农户家庭经营基本特点之一。

（2）联合经营型

一般有：农户之间的相互联合；农户与村级社区合作组织联合；专业生产者协会的松散联合；农户参与农业产业化经营。

4. 按家庭经营的商品化程度划分

（1）自给性经营

是一种自给自足的经营方式，生产的目的不是为了交换，而是为了直接获取使用价值，以满足家庭成员基本生活消费的需要。

（2）商品性经营

是指农户经营是为他人生产使用价值，为自己生产价值，即为交换而进行的生产。

（3）自给性与商品性结合经营

是一种半自给、半商品型农户的经营方式，它既从事自给性生产，直接为家庭成员提供生活消费资料，又从事商品性生产，用于市场交换以获取货币收入。

随着农村经济和现代农业发展，我国农业家庭经营收入、经营能力进入较快增长阶段，一些地方开始出现集约化、专业化、组织化、社会化程度较高，经济效益较好的家庭农场、专业大户等新型家庭经营组织，为我国家庭经营基础上的农业现代化增添了新的组织力量。

家庭农场是指以家庭成员为主要劳动力，经营面积达到规定规模，从事农业规模化、集约化、商品化生产经营，以农业收入为家庭主要收入来源的新型农业经营主体。家庭农场以追求效益最大化为目标，土地承包关系稳定，生产集约化、农产品商品化程度高，能为社会提供更多、更丰富的农产品，推进农业由保障功能向盈利功能转变。

专业大户指从事某一种农产品生产、具有一定生产规模和专业种养水平的农户。专业大户种养规模一般大于普通农户，规模化经营程度、专业化生产水平高，是推进农业市场经济、农业现代化建设的重要力量。

（三）农业家庭承包经营制度的稳定与完善

1. 家庭承包经营需要在发展中完善

以家庭经营为基础、统分结合的双层经营是我国农村基本经营制度。以家庭经营为基础、统分结合的双层经营打破了单一层次的传统集体经营，解决了广大农民生产积极性长期低落的问题，极大地促进了农业和农村生产力发展。随着我国农业规模化、产业化发展，当前家庭承包经营存在的以下弱点越来越凸显：

①经营规模狭小。

②商品化程度和对市场适应程度不高。

③大多缺乏现代技术装备。

④农民的文化、科技水平不高。

⑤家庭经营的社会化程度不高。

出现这些弱点，不是家庭承包经营制度的必然产物，而是由于我国农业现代化水平不高，家庭经营还处在与传统农业相结合的阶段。对此，应统筹兼顾培育新型农业经营主体和扶持小农户，采取有针对性的措施，把小农生产引入现代农业发展轨道，通过培育各类专业化、市场化服务组织，推进农业生产全程社会化服务，帮助小农户节本增效；通过发展多样化的联合与合作，提升小农户组织化程度；通过注重发挥新型农业经营主体带动作用，打造区域公用品牌，开展农超对接、农社对接，帮助小农户对接市场；通过扶持小农户发展生态农业、设施农业、体验农业、定制农业，提高产品档次和附加值，拓展增收空间；通过改善小农户生产设施条件，提升小农户抗风险能力。促进小农户和现代农业发展有机衔接，为稳定和完善家庭承包经营提供了新动能。

2.稳定农村土地承包关系

"三农"问题是中国社会发展的重要问题，"三农"问题突出为土地问题。农村土地集体所有兼顾国家、集体、农民三者利益，既能保护农民正当权益，又能促进土地资源的优化配置，必须毫不动摇地坚持。

（1）巩固和完善农村基本经营制度

落实农村土地承包关系稳定并长久不变政策，衔接落实好第二轮土地承包到期后再延长30年的政策，让农民吃上长效"定心丸"。全面完成土地承包经营权确权登记颁证工作，实现承包土地信息联通共享。稳定农村土地承包关系，完善土地所有权、承包权、经营权分置办法，"三权分置"理论作为农村土地制度建设的又一次伟大创新，符合发展适度规模经营的时代要求，是中国经济社会发展到一定阶段的必然选择，为新形势下完善中国特色农村基本经营制度奠定了制度基础。

（2）加强土地承包经营权流转管理与服务

坚持依法、自愿、有偿的原则，引导农村土地承包经营权有序流转，鼓励和支持承包土地向专业大户、家庭农场、农民专业合作社流转，发展多种形式的适度规模经营。结合农田基本建设，鼓励农民采取互利互换方式，解决承包地块细碎化问题。农村承包土地经营权可以依法向金融机构融资担保、入股从事农业产业化经营。

（3）完善农村土地承包法和土地承包经营权纠纷调解仲裁体系

修改农村土地承包方面的法律，明确现有土地承包关系保持稳定并长久不变的具体实现形式，界定农村土地集体所有权、农户承包权、土地经营权之间的权利关系。保障农村妇女的土地承包权益，维护进城落户农民土地承包权、宅基地使用权、集体收益分配权，引导进城落户农民依法自愿有偿转让上述权益。建立健全乡村调解、县市仲裁、司法保障的农村土地承包经营纠纷调处机制。

3.大力发展农村集体经济

（1）多渠道发展壮大农村集体经济

从实际出发探索发展集体经济有效途径，鼓励地方开展资源变资产、资金变股金、农民变股东等改革，增强集体经济发展活力和实力。选择村组织健全、集体资金资产资源（简称"三资"）家底清楚、具有一定经济实力的村组建社区性合作社，为村民提供耕种、植保、防疫、收获、销售等统一服务，在服务过程中不断壮大村集体经济实力。鼓励和引导集体经济组织利用资金、资产和资源，以入股、合作、租赁、专业承包等形式，发展与承包大户、技术能人、企业等联合与合作经营。鼓励和引导集体经济组织与农民专业合作社、农业产业化龙头企业以及其他社会化服务组织实现多元化、多层次、多形式联合。

（2）加强农村"三资"监督管理

加强农村集体资金、资产、资源管理，提高集体经济组织资产运营管理水平。全面开展农村集体资产清产核资、集体成员身份确认，加快推进集体经营性资产股份合作制改革。摸清村集体经济组织"三资"的家底，推行"三资"代理服务，加强"三资"运营指导，建立"三资"台账。切实加强农村集体经济组织审计监督，重点做好村干部任期和离任审计、土地补偿费以及农民负担专项审计。

（3）稳步推进农村集体经济组织产权制度改革

以城中村、城郊村、园中村和集体经济实力较强村为重点，确立村集体经济组织法人地位，建立归属清晰、权责明确、利益共享、保护严格、流转规范、监管有力的农村集体经济组织产权制度。在具备条件的村，指导村集体经济组织组建"三资"经营公司，通过市场化经营手段做大做强村集体经济。

（4）加强村级债务管理，逐步化解村级债务

以制止发生新的不良债务为首要目标，以建立控制债务长效机制为主要内容，将债务管理与发展村级集体经济、规范村级财务管理、健全民主监督机制相结合，逐步化解现有债务。

4.完善新型农业社会化服务体系

建设中国特色现代农业，必须建立完善的农业社会化服务体系。要坚持主体多元化、服务专业化、运行市场化的方向，充分发挥公共服务机构作用，加快构建公益性服务与经营性服务相结合、专项服务与综合服务相协调的新型农业社会化服务体系。

（1）加快健全农业公共服务机构

提升乡镇或区域性农业技术推广、动植物疫病防控、农产品质量监管等公共服务机构的服务能力。实施基层农技推广体系改革与建设项目，建立补助经费与服务绩效挂钩的激励机制。实施农业技术推广机构条件建设项目，不断改善推广条件。鼓励和支持高等学校、职业院校、科研院所面向农村开展农业技术推广。加强乡镇或小流域水利、基层林业公共服务机构和抗旱服务组织、防汛机动抢险队伍建设。充分发挥供销合作社在农业社会化服务中的重要作用。加快推进农村气象信息服务和人工影响天气工作体系与能力建设，提高农业气象服务和农村气象灾害防御水平。

（2）积极培育农业专业化社会化服务组织

适应现代农业发展和农民分工分业的要求，积极培育多元化、多形式、多层次的各类农业服务组织，重点支持为农户提供代耕代收、统防统治、烘干贮藏等服务，发挥对农业生产经营的支撑作用。支持多种类型的新型农业服务主体创新服务模式，鼓励开展农业生产全程社会化服务。推动供销合作社由流通服务向全程农业社会化服务延伸、向全方位城乡社区服务拓展，把供销合作社打造成为与农民利益联结更紧密、服务功能更完备、市场化运作更高效的合作经济组织体系。

（3）推进农业服务机制创新

积极探索以政府公益性服务为支撑、以农民专业合作社为平台、以专业化服务为载体的高产创建新机制，全面实行农业技术推广"科技人员直接到户、良种良法直接到田、技术要领直接到人"的服务责任制。大力推广种子种苗统供、病虫害统防统治、农村沼气统一维护管理等服务方式。积极推动农机跨区作业、订单作业、承包作业、一条龙作业，探索建立示范、推广、服务一体化的农机服务新模式。建立健全以产量质量和经济效益以及农民群众服务满意度为主要内容的为农服务考评制度和激励机制。

（4）改革创新农业生产资料供应方式

构建新型农业生产资料物流机制。加强县乡农资配送中心和中心库建设，发展农资专卖店、连锁店，实行看样订货、预约订货、电话订货，实行送货上门。开通农业生产资料下乡的"快车道"和"直达车"，减少中间环节，尽可能地降低农村商品的进货成本。各配送中心送货至农资连锁网点可扩大经营范围，参与农产品收购、加工、包装，向集贸市场、超市配送，完成双向流通。

三、农业合作经济组织

（一）农业合作经济组织的含义

农业合作经济组织也称作农业合作社，是指农业小生产者为了维护和改善各自的生产和生活条件，在自愿互助和平等互利的基础上，联合从事特定经济活动所组成的经济组织形式。中国目前农业合作经济组织的主要形式为农民专业合作社。农民专业合作社是指在农村家庭承包经营基础上，农产品的生产经营者或者农业生产经营服务的提供者、利用者，自愿联合、民主管理的互助性经济组织。

（二）农民专业合作社运行的基本原则

1. 入社自由原则

任何人只要能从合作社的服务中获益并履行社员的义务、承担社员的责任都可入社，不得有任何人为的限制及社会、政治和宗教上的歧视。

2. 民主管理原则

管理人员由社员选举产生或以社员同意的方式指派，管理人员对社员负责。基层合作社的社员有平等的投票权——每人一票，并参与决策。其他层次的合作社应在民主的基础上以适当方式进行管理。

3. 公平原则

主要指在合作经济组织的分配中，应当是公平合理的。合作社成员是为了合作收益走到一起来的，因此，他们对合作收益的分配，会给予最大的关注。

4. 互利原则

包括两层含义：一是每个社员都必须对合作社、对他人做出基本限额以上的贡献；二是每个社员都能从合作社得到自己所需要的帮助。"我为人人，人人为我"，就是互利原则的具体表现。

（三）农民专业合作社的经济行为特征

农业是一个弱质产业，个体的农民在市场竞争中经常处于不利的地位，因此农业经济主体的合作对于农业的发展和农民市场地位的提高具有极其重要的意义。农民专业合作社具有合作社的一般特征，即成员自由加入和退出、民主平等管理、互助共赢和利益共享等。但作为一种特殊的合作组织，它还具有以下三个基本特征：

1. 农民专业合作社是家庭经营基础上的协作经营

农业是特殊的行业，经营模式是以家庭经营为主，从而农业经营的个体经济就是家庭经营经济，这一特征使得农业合作经济组织在发展时期，尤其是在传统农业向现代农业过渡的时期更带有社区性和综合性。

2. 农民专业合作社的启动有一定难度

农业经营是一种典型的分散经营，尤其是传统农业，在商品化率低、小规模、半自给性经营条件下农民的合作意识很低，这说明合作社的发展与市场竞争有着密切的关系。

3. 农民专业合作社发展需要政府的大力支持

农民专业合作社对于壮大农业经营主体的力量有着极其重要的作用，从而有利于促进农业的发展。但由于农民的合作意识较差，管理能力不高，政府应该在教育、培训和提供信息方面予以支持。

（四）推进农民专业合作社发展

根据合作社的基本原则，农民专业合作社的建立应该采取诱致性制度变迁路径。但完全靠农民自身的力量自发地把分散的个体组织成有凝聚力的团体，难度非常大。因此很有必要由政府出面，扶持并引导农民组建农民专业合作社。

1. 认真落实扶持政策，为农民专业合作社发展提供政府援助

加大对农民专业合作社的扶持力度，政府可以为农民专业合作社的成立提供一定的启动资金，提供一定额度的贴息贷款；扩大财政支持规模，落实税收优惠政策措施；允许和支持有条件的农民专业合作社开展信用合作和兴办资金互助社，把农民专业合作社纳入各级政府扶持的信用担保机构涉农担保业务的服务范围；支持有条件的合作社承担国家涉农项目，新增农资综合补贴资金向农民专业合作社倾斜；扶持专业合作社自办农产品加工企业。促进农村信用合作社和供销合作社为农民专业合作社提供资金、技术、物质支持。认

真组织开展农民专业合作社示范社建设，大力推进"农超对接"，提升合作社市场竞争能力。

2. 加强农民专业合作社人才队伍建设

各级农业部门要加强对农民专业合作社负责人的培训。扩大"民生工程"培训范围，把农民专业合作社经营管理人员、财务会计人员、信息人员、辅导人员和专业技术人员培训作为重要实施内容，积极培养农民专业合作社经营管理、技术服务和信息辅导等专业人才队伍，不断提高农民专业合作社生产经营能力。

3. 加强农民培训

合作社的教育是国际合作社联盟提出的合作社运动指南的 7 条原则之一。为引导农民走农业合作的道路，对他们进行农业合作社方面知识的教育是十分必要的。各级政府应利用各种可利用的手段和力量，对农民、农业院校的学生以及政府有关部门的工作人员进行合作社运动的教育和培训，向他们介绍国外合作社运动的发展情况，讲解中国农民专业合作社的内涵，明确农民专业合作社的自愿、自治、民主管理的组织原则，了解政府的各项扶持政策，从而提高他们对农民专业合作社的认识水平。

四、农业产业化经营组织

（一）农业产业化经营的内涵、特征与成因

1. 农业产业化经营的内涵

中国的农业产业化经营，源于 20 世纪 90 年代初，是中国的一种独特叫法。对于农业产业化经营的定义，目前达成的基本共识是：农业产业化经营是以市场为导向，以农户经营为基础，以"龙头"组织为依托，以经济效益为中心，以系列化服务为手段，通过实行种养加、产供销、农工商一体化经营，将农业再生产过程的产前、产中、产后诸环节连接为一个完整的产业系统，是引导分散的农户小生产转变为社会化的大生产的组织形式，是多方参与主体自愿结成的经济利益共同体，是市场农业的基本经营方式。在中国，农业产业化经营的基本组织形式有三种："农产品市场＋农户""农业龙头企业＋农户"和完全一体化经营。

2. 农业产业化经营的特征

（1）生产专业化

围绕主导产品或支柱产业进行专业化生产，把农业生产的产前、产中、产后作为一个系统来运行，做到每个环节的专业化与产业一体化协同相结合，使每一种产品都体现为原料、初级产品、中间产品、最终产品的制作过程，并以商品品牌的形式进入市场。

（2）企业规模化

农业生产专业化的效率是通过大生产的优越性表现出来的，因为农业生产经营规模的

扩大，有利于采用先进的农业科学技术，降低农业生产成本，为农产品的生产、加工、销售奠定条件。企业规模化虽然有生产经营规模扩大的意思，但更重要的是指农产品生产、加工和运销的农户和企业生产要素的组成比例要匹配，要避免或减少某种生产要素的不足或浪费，为农业产业化经营的高效运行奠定基础。

（3）布局区域化

每个支柱产业或生产系列，按照区域比较优势原则，设立专业化小区，按小区进行资源要素配置，按商品生产基地要求进行布局，以充分发挥区域化生产效应。

（4）经营一体化

通过多种形式的联合与合作，形成市场牵龙头、龙头带基地、基地连农户的贸工农一体化经营体制，使外部经济内部化，从而降低交易过程的不确定性，降低交易成本，提高农业的纵向规模和组织效益。

（5）管理企业化

通过"公司＋基地＋农户"等联结方式，构成一体化联合体，采取合同契约制度、参股分红制度、全面经济核算制度、互补互利、自负盈亏、讲求效益，对全系统的营运和成本效益实行企业化管理。

（6）服务社会化

通过一体化组织，农户既可以利用"龙头"企业资金、技术和管理优势，又可以利用有关科研机构，对其提供产前、产中、产后的信息、技术、经营、管理等方面的服务，促进各种要素直接、紧密、有效结合。

3.农业产业化经营的成因

（1）适应消费者对食品消费需求变化的需要

随着人们生活节奏的加快，人们对方便食品和已加工食品的需求不断提高，这使得食品加工业得到了更快的发展。而食品加工企业一般经营规模较大，为了保证农产品等加工原料的稳定供应，就需要与农产品的生产者建立稳定的联系。同时，随着收入水平的提高，人们对食品质量提出了更高的要求，消费者越来越关注食品的品质和质量安全，要求食品加工企业必须有专门的农产品原料生产基地，并能对农产品整个生产过程中的质量进行有效的控制。要做到这一点，必须提高农业的组织化程度，整合农业的相关产业链条。这是农业产业经营水平不断提高的外部推动力。

（2）缓解农产品生产季节性和消费常年性矛盾的需要

农产品生产周期长，不仅具有明显的季节性，而且具有鲜活易腐性。但农产品的消费却具有常年性，并呈现出一定的刚性，需求价格弹性较小。要解决农产品生产季节性和消费常年性的矛盾，就必须通过农产品的贮藏、加工、运销等措施，延长农产品的保质期，使其更容易远距离运输。农产品生产和消费者的这一根本性矛盾是农业产业化经营产生和发展的内在原因。

（3）降低经营风险的需要

随着农户经营规模的扩大和专业化水平的提高，不仅要面临自然风险，而且要面临更大的市场风险。在农户和涉农企业都面临着风险，降低经营风险的共同愿望促使他们有可能结成更为稳定的交易和合作关系，产业化是更好的选择。

（4）降低市场交易费用的需要

从流通环节或农户与市场的关系来看，无论是产前的生产资料购买，还是产后的产品销售，单靠农户自己去完成，交易费用相当高。在农用生产资料购买和农产品销售两个方面农户都处于不利地位，农户为此要支付大量的交易费用，使得这种交易费用过高。对农业龙头企业来说，交易费用的降低主要是节约了在种子、原料销售和农产品购买等方面寻找、评价、质量检测和签订契约等方面的费用。建立农业产业化经营组织以后，农户和农业龙头企业都可以节约交易费用。

（二）农业产业化经营的组织模式

1. "龙头"企业带动型

是由一个或几个农产品加工企业或营销性公司作为龙头，与农户通过契约关系，建立起相对稳定的经济联系，结成产加销一体化经营组织。其基本形式是"龙头企业＋农户"，其衍生形式有"龙头企业＋基地＋农户""龙头企业＋合作社＋农户""龙头企业＋专业协会＋农户"等。其特点是：龙头企业与农产品生产基地和农户结成贸工农一体化经营系统；利益联结方式是根据产销合同订购或实行保护价收购；农户按合同规定，定时定量向企业交售优质产品等。

2. 市场带动型

是指以专业市场或专业交易中心为依托，拓宽商品流通渠道，带动区域专业化生产，实行产加销一体经营。其运行基本原则有三：一是因地制宜的原则；二是建管并重的原则；三是宏观调控原则。

3. 主导产业带动型

即从利用当地资源、发展传统产品着手，形成区域性主导产业。从利用当地资源优势，培育特色产业，逐步扩大经营规模，提高产品档次，组织产业群，延伸产业链，形成区域性主导产业，以其连带效应带动区域经济发展。

4. 中介组织带动型

以各类中介组织为载体，将分散经营的农户组织起来，共同进入市场，参与竞争，让农民参与贸工农一体经营，并通过中介组织维护农民的合法权益，使农民的大部分生产经营活动通过中介组织得以实现。中介服务组织带动农业产业化经营发展也是一种比较常见的模式，它在我国农村改革和市场化发展中产生与发展，并在分散的农户与统一大市场之间架起了一座桥梁。

（三）我国农业产业化经营的组织实施

1.扶持农业产业化龙头企业，全面提升农业产业化水平

创新农业产业化投入机制，拓展投资渠道，建立以政府投入为引导，企业和农民投入为主体，银行信贷、社会筹资和外商投资为支撑的多元化投融资体系。落实农业产业化扶持措施，在龙头企业贷款担保、建立风险基金、税费减免、建立鲜活农产品流通绿色通道等方面拿出切实有效的办法，为龙头企业发展创造良好环境。积极扶持规模大、附加值高、有辐射带动能力的龙头企业。

2.大力发展农产品精深加工

以项目为支撑，主攻大宗农产品和区域特色农产品的精深加工，延长农产品加工产业链条。加大农产品品牌创建力度，以主导产业为基础，瞄准国内同行业领先企业和知名品牌，利用政府资源，集中培育、扶持、推介一批知名品牌，提升本地农产品在国内外市场的竞争力。

3.推进农业产业化示范区建设

以促进农业发展方式转变、推进产业优化升级、增加农民收入为目标，择优建设一批龙头企业相对集中、农产品加工水平较高、集群优势明显的农业产业化示范区。

4.强化农业产业化利益联结机制

规范履约行为，帮助龙头企业和农户规范合同内容，明确权利责任，协调解决龙头企业与农户利益关系，逐步实行合同可追溯管理，引导龙头企业与农户形成相对稳定的购销关系。大力推行"龙头企业＋合作组织＋农户"的组织形式，充分发挥合作社在联结龙头企业与农户之间的桥梁纽带作用。

第二章 农业经营预测与决策

第一节 农业经营预测

一、经营预测的概念与作用

（一）什么是预测

预测是根据事实（资料）和经验，经过逻辑推理、判断或演算来寻求事物的客观发展规律，据以估计、推测未来事物的发展趋势及其结果。简单地说，预测就是预计和推测。预测在调查研究基础上的科学分析，简称为预测分析。预测分析所用的科学方法和现代手段，称为预测技术，也称为预测方法。企业面对的市场瞬息万变，企业的外部环境、内部条件十分复杂，怎样在如此复杂的环境中生存、发展，需要企业的管理者借助各种必要的手段，从影响企业生产经营变化的各有关因素中，找到一定的内在联系和规律性，从而对企业赖以生存的内、外环境及其变化进行科学的预测，为领导者提供有力的决策依据，以便趋利避害，争取达到良好的效果。

预测具有以下特点：

第一，广泛性。工商企业经营预测涉及政治、经济、生产能力、科学技术发展水平、价格、工资收入、社会风尚以及国外影响等，联系非常广泛。从内容上看包括生产、销售、成本、利润、资金、市场供求、消费倾向等预测，这就要求管理者要了解掌握各方面的资料，不能只局限于一个企业的角度进行研究分析。

第二，趋势性。主要是指某一事物或现象在某一时期的主要倾向和发展趋势。如果不注意分析这些趋势，预测也就失去了应有的作用。要通过一系列企业经营活动中的业务资料、统计资料、会计报表和有关部门的信息进行分析，找出主要趋势，才能提高预测的准确程度。

第三，客观性。预测应建立在科学基础上，要从实际出发，实事求是。根据大量的资料分析，由表及里、去伪存真。切忌主观臆断、妄自判断，不能把一些道听途说的作为预测依据。必须依靠科学的数据、真实的情况，运用马克思辩证唯物主义方法分析客观实际。不能单纯凭长官意志和指示，更不能把偶然的现象或一时失常的现象作为正常现象处理。在一片大好形势下，管理者容易盲目乐观；在困难形势下，又会悲观失望。预测时，要注意防止这两种容易失真的情绪，注意客观性，才能减少不可靠性。

第四，时间性。有市场就有竞争，竞争是商品经济固有的规律性。因此，预测必须有强烈的时间观念，对各种信息、资料要及时掌握、及时分析、及时提出预测结果的各种方案，以便及时地做出决策。否则，就会坐失良机。雨后送伞，已是时过境迁，失去了实际意义或降低了预测的价值。

（二）什么是经营

经营，是指在一定的社会制度下，商品生产者为了一定的经营目标，根据外部环境和内部条件，以市场为对象，以技术的开发、商品的生产和交换为手段，通过有效的管理使自己的生产技术、经济活动与外界的自然、社会经济环境达成动态平衡，为满足社会需要谋求最大的经济效益而进行的一系列有组织的经济活动。

（三）经营预测的概念

经营预测，是预测技术在经营中的具体应用。它是以过去和现在的统计资料和调查资料为依据，运用科学的方法对影响经营活动的各种不确定因素及其经营总体影响结果所进行的预料、估计和判断。简单地说，经营预测就是根据内外部经营环境、经营信息对未来经营状况所做的推测和预料。

（四）经营预测的作用

企业经营预测是以经营决策为核心的，而经营决策又以经营预测为前提，因此，搞好企业经营管理，必须首先搞好经营预测。其作用主要表现在以下三个方面：

第一，经营预测是经营决策的重要前提和基础。企业经营的成败、各项管理职能的发挥，在很大程度上取决于决策是否及时、准确。管理的关键在于决策，而决策的成败在于预测。正确的决策必须以科学而准确的预测为前提和基础。没有科学的预测，决策就难以避免失误，就不能进行科学的决策，这势必会造成重大的经济损失。

第二，经营预测是制订经营计划的依据。从时间顺序来看，经营预测在经营决策之前，而经营计划在经营决策之后，经营计划是决策方案在未来时间和空间上所做的安排和部署。从计划与预测的直接联系来看，计划中很多数据都来自预测，计划的准确性也往往建立在科学预测的基础上。没有科学的预测，就不会有切实可行的经营计划。

第三，经营预测是改善企业经营管理的重要手段。在商品经济条件下，企业的经营与发展同市场息息相关。企业间的竞争是产品竞争，实质是生产技术的竞争。通过科学的预测，确定发展什么产品、采用什么技术、使用什么原材料，确定怎样才有利于降低产品生产成本，获得超额利润，提高经营管理的效益等问题。

二、经营预测的种类

依据不同的标准，农业企业经营预测可分为以下几类：

按经营预测的时间长短划分，可以分为长期预测、中期预测和短期预测。长期预测一般是指对 3 年或 5 年以上的经营过程所做的预测；中期预测一般是对 1 年以上 3 年以内的经营过程所做的预测；短期预测则是指对 1 年以内的经营活动所做的预测，如以旬、月、季为单位的预测。不同的经营过程具有不同的时间周期，因此需要有不同的预测期限。

按经营预测的方法不同，可以分为定性预测和定量预测。定性预测又称为经验判断预测，它是凭借预测者的经验和综合分析判断能力，根据预测对象的性质、特点、过去和现在的情况，运用逻辑推理法，推断预测对象的未来发展趋势。该方法简便易行，但带有较大的主观性，准确性差，受预测者分析、判断能力的影响大。它较适用于缺乏历史统计资料的数据和情况，或用于新产品销售量的预测。定量预测是预测者根据占有的系统可靠的资料和数据，在定性分析的基础上，借助数学模型、图表和计算机等手段，进行定量分析，进而对预测对象的未来发展趋势做出预测。它适用于有较完整的历史统计资料和数据的情况。

按经营预测的具体对象和内容划分，可以分为科学技术预测、市场预测、社会经济条件预测等等。

三、经营预测的原则

经营预测要求对未来做出合乎规律的推断和设计。要搞好经营预测，必须遵循如下原则：

（一）实事求是原则

预测应该科学地反映客观事物变化的规律，为此必须深入调查或进行实验，取得第一手资料，然后选择相应的预测方法，认真细致地运算，得出预测结果。如果取得的结果不是切实可靠，不以求实的精神去推算，不用科学的方法对比分析，那就是瞎估乱算。如果用这种错误的预测去决策、定计划，必然贻误大事，造成严重的损失。因此，在整个预测过程中，要自始至终地坚持实事求是的科学态度，如实地预测和反映被预测对象的情况，力求使预测结果真实有据。

（二）连贯性原则

所谓连贯性，是指社会经济现象的变化具有一定的规律，而这种规律在未来事物发展中仍不断延续。换言之，事物的未来发展与其过去和现在的发展是一脉相承的。任何事物的发展变化都是一个渐进的过程，即现在是过去的发展，未来是现在的延续。因此在经营预测过程中，必须以连贯的历史发展资料为依据，分析研究今天企业状况与过去企业状况的异同，分析变化的影响因素和各因素的影响程度以及它们之间的数量关系，从中找出预测对象发展变化的规律，就能预测未来企业变化发展的趋势和方向，做出定性和定量的分析。

（三）相关性原则

是指事物之间或事物所构成的要素之间存在相互促进、相互影响或制约的关系。任何一个部门和企业的发展，都要有其他部门和企业的协调配合，同时也制约着其他部门和企业的发展，这种关系表现为一定量的比例关系。因此，经营预测必须遵循相关性原则，根据经营事物的具体情况，努力寻找该经营事物与其构成因素之间或其他事物之间的因果关系，以预测该事物的未来情况。

四、经营预测的程序

经营预测是对企业发展前景的一种探索性研究工作，其预测过程是一个严密的逻辑推理过程，因此它有一套科学的研究步骤。要搞好经营预测，必须明确先做什么、后做什么，形成一个前后稳定有序的程序。

（一）确定预测目的和时间

在预测之前要有明确的预测目的，以便有的放矢地收集必要的经济信息，同时还要确定明确的预测时间，包括起止时间和每个阶段的时间及所要达到的目标。

（二）收集和整理信息资料

根据预测目的，广泛收集所需资料，包括历史资料和现实资料。为了保证资料的准确性和有用性，还要对资料进行必要的加工和整理，对不完整的和不适用的进行调整和剔除。

（三）选择适当的预测模型和预测方法

对经审核和整理的数据资料，就可以根据其发展趋势选择合适的预测模型和合理的预测方法。一般来说，经营预测模型有两类：一是时间关系模型，用于研究预测对象的发展趋势及其过程，如时间序列预测法；二是相关关系模型，表示预测对象与影响因素的关系的模型，用于研究预测对象受相关因素影响的变化过程及其数量的表现，如回归预测法。

预测方法很多，包括定性和定量两大类。一般定性分析主要采用在调查研究的基础上进行逻辑推理，在定性分析的基础上进行定量研究，则需要借助数学模型和统计方法。预测方法要根据预测的特点、预测对象的情况、预测要求的精确度、资料的占有状况来进行选择，以达到费用省、时效性强、准确度高的目的。

（四）分析预测误差

预测模型不可能与现实情况完全一致，往往会产生一定的误差。误差越大，预测的可靠性就越小，就失去了预测应有的作用。为此，就需要对预测结果进行验证，并且要分析产生误差的原因，并改进预测方法和修正所采用的数学模型，使预测结果尽量接近实际。

五、经营预测的方法

预测的方法是达到预测目的的手段。这些方法按其性质的不同，可以分为定性预测和定量预测两大类。定性预测法主要预测经营活动未来发展的趋势和方向，对数量的预测精度要求不高；而定量预测法则主要预测经营活动未来发展的量的水平，对发展趋势和方向的反映不够直观。因此在实际工作中，应注意定性预测和定量预测的结合。

（一）定性预测方法

定性预测是依靠人们的知识、经验和综合分析能力，对未来的发展状况做出推断，所以又称经验判断法。该方法直观简单、费用低，但掌握起来并不容易，需要有丰富的经验。在数据资料较少或不准确的情况下，采用该方法较好。

1. 专家意见法

专家意见法是美国兰德公司于 20 世纪 60 年代提出的。这种方法是采用背对背的通信方式征询专家小组成员的预测意见，经过几轮征询，使专家小组的预测意见趋于集中，最后得出符合市场未来发展趋势的预测结论。专家意见法或专家函询调查法，是依据系统的程序，采用匿名发表意见的方式，即团队成员之间不得互相讨论、不发生横向联系，只能与调查人员发生关系，以反复地填写问卷，以集结问卷填写人的共识及搜集各方意见，可用来构造团队沟通流程，应对复杂任务难题的管理技术。用专家意见法预测，一般要经过三到四轮才能够得到比较集中的结果。其基本程序如下：

（1）开放式的首轮调研

由组织者发给专家的第一轮调查表是开放式的，不带任何限制，只提出预测问题，请专家围绕预测问题提出预测事件。因为如果限制太多，就会漏掉一些重要事件。

组织者汇总整理专家调查表，归并同类事件，排除次要事件，用准确术语提出一个预测事件一览表，并作为第二步的调查表发给专家。

（2）评价式的第二轮调研

专家对第二步调查表所列的每个事件做出评价。例如，说明事件发生的时间、争论问题和事件或迟或早发生的理由。

组织者统计处理第二步专家意见，整理出第三张调查表。第三张调查表包括事件、事件发生的中位数和上下四分点，以及事件发生时间在四分点外侧的理由。

（3）重审式的第三轮调研

发放第三张调查表，请专家重审争论。

对上下四分点外的对立意见做一个评价。

给出自己新的评价（尤其是在上下四分点外的专家，应重述自己的理由）。

如果修正自己的观点，也应叙述改变理由。

组织者回收专家们的新评论和新争论，与第二步类似地统计中位数和上下四分点。

总结专家观点，形成第四张调查表，其重点在争论双方的意见。

（4）复核式的第四轮调研

发放第四张调查表，专家再次评价和权衡，做出新的预测。是否要求做出新的论证与评价，取决于组织者的要求。

回收第四张调查表，计算每个事件的中位数和上下四分点，归纳总结各种意见的理由以及争论点。

值得注意的是，并不是所有被预测的事件都要经过四步。有的事件可能在第二步就达到统一，而不必在第三步中出现；有的事件可能在第四步结束后，专家对各事件的预测也不一定都是达到统一。不统一也可以用中位数与上下四分点来做结论。事实上，总会有许多事件的预测结果是不统一的。

专家意见法的特点：

①匿名性。因为采用这种方法时所有专家组成员不直接见面，只是通过函件交流，这样就可以消除权威的影响。这是该方法的主要特征。匿名是专家意见法的极其重要的特点，从事预测的专家彼此互不知道其他有哪些人参加预测，专家是在完全匿名的情况下交流思想的。后来改进的专家意见法允许专家开会进行专题讨论。

②反馈性。该方法需要经过 3～4 轮的信息反馈，在每次反馈中使调查组和专家组都可以进行深入研究，使得最终结果基本能够反映专家的基本想法和对信息的认识，所以结果较为客观、可信。小组成员的交流是通过回答组织者的问题来实现的，一般要经过若干轮反馈才能完成预测。

③趋同性。专家意见法不是简单地收集专家意见，而是通过多次征询意见使专家的意见一轮比一轮更趋向一致，最后得到了一个可靠的预测结果。但这种方法也有其缺陷，就是耗时，费用也高。

2. 主观概率法

主观概率不同于客观概率，它是预测对某一事件发展趋势可能性做出的主观判断。主观概率法就是先由预测专家对预测事件发生的概率做出主观的估计，然后计算它们的平均值，以此作为对事件预测的结论。

（二）定量预测方法

定量预测方法是在得到若干统计资料后，在假定这些资料所描述的趋势对未来适用的基础上，运用各种数学模型预测未来的一种方法。定量分析模型主要有时间序列模型和因果关系模型。

1. 时间预测模型

就是把历史统计资料按年或按月排列成一个统计数列，根据其发展趋势，向前外延进行预测。这种方法适用于市场比较稳定、价格弹性较小的产品，特别是短期预测更为适用。

（1）简单移动平均法

此种方法是从时间序列中依次计算连续 n 期（通常 n 为 3 ~ 7）的平均值，作为 n + 1 期的预测值。随着时间的推移，计算平均值所用的数值是逐期向后移的。计算公式如下：

n + 1 期的预测值 = （第 1 期数值 + 第 2 期数值 + …… + 第 n 期数值）÷ N（期数）

（2）加权移动平均法

人们在实际中发现，距预测期近的数据对预测值影响较大，距预测期远的数据则影响较小，这样可以根据距离预测期的远近，给 n 期内的数据以不同的权值，求得加权平均值作为预期结果。各权数的确定，可用 n 为最近的权数，依次减 1 为以前各期权数。

（3）指数平滑法

指数平滑法是在移动平均法的基础上发展起来的一种时间序列预测法。其特点是以前期的预测值和前期的实际值为依据，并赋予一定的权数来求得本期的预测值。计算公式为：

$$M_t = aD_{t_1} + （1-a）M_{t_1}$$

式中：M_t 为第 t 期的预测值；M_{t_1} 为第 t_1 期的预测值；D_{t_1} 为 t_1 期的实际值；a 为平滑系数（$0 < a < 1$）。

平滑系数取值大小，应根据过去的预测值与实际值比较而确定。差额大，则 a 应取大一些；差额小，则 a 应取小一些。a 越大则近期的倾向性变动影响越大；a 越小则近期的倾向性变动影响越小，越平滑。由于平滑系数越小，预测趋向较平滑，因此，在实际应用中，倾向于采用较小的 a 值。

2. 因果关系模型

因果关系预测法，是根据相关性原则，利用客观事物之间的因果关系，并用一定的函数方程描述其相关变化规律，对预测对象进行预测的方法。因果关系预测法较常用的方法为一元线性回归法。一元线性回归预测法，就是研究一个因变量和一个自变量之间的相互关系，即从一个自变量（影响因素）去预测因变量（预测值）的方法。其基本公式为：

$$y = a + bx$$

式中：x 为自变量；y 为因变量；a，b 为回归系数。当 b 为负值时，两个变量按相反方向变动；当 b 为正值时，两个变量按同一方向变动。

进行一元线性回归分析预测，关键是寻求合理的回归系数 a 和 b，确定回归方程，然后根据预计的 x 值求出 y 的预测值。

算出 a、b 的值后，即可求出一元线性回归方程。但所求出来的回归模型能否用于预测，还必须首先进行相关系数检验。相关系数是表明两变量之间相关程度和方向的分析指标，通常用 R 表示，其取值范围为 $-1 \leq R \leq 1$。R 值接近 ± 1 时，称为强相关；R 值接近 0 时，称为弱相关。R = 0，说明两变量无线性相关；R > 0，称为正相关；R < 0，称为负相关。

第二节　农业经营决策

一、经营决策的概念

决策是人类活动中一项普遍而且重要的行为，在生活和工作中，它几乎无处不在。一个人大至奋斗目标的确定、人生道路的选择，小至从事某项工作、完成一件事情，都离不开决策。决策的定义目前尚未统一，比较趋于一致的看法有两类：一类认为决策就是管理；另一类认为决策就是抉择或决定。通常认为，从决策所涉及的许多实质问题来理解，决策应当是对未来实践的方向、目标、原则和采用的方法进行选择并做出相应的抉择或决定。决策对我们一生都是十分重要的，可以这样说，每个人几乎总是不断地面临着如何做出决策，只不过有时这种行为是自觉的、主动的，而有时却是不自觉的、被动的。

经营决策是指企业决策者在外部形势分析的基础上，依据企业内部条件情况，对企业总体发展战略和生产、服务、积累、投资、销售、分配等各种经营活动的经营目标、方针与策略所做出的抉择和决定。总的来说，经营决策的目的，就是要使企业未来的发展更符合决策者的意愿和要求。企业的经营规模可大可小，性质、类型各不相同，所面对的外部环境与内部条件也彼此存在差异，但总离不开求生存、谋发展这一目标。因此，管理者随时需要根据企业发展环境的变化做出各种决策，以保证企业发展总体目标的实现。可见，经营决策在企业发展过程中处于十分重要的地位。

二、经营决策的特征

任何决策都必须经历下列环节：从发现问题入手，提出并确定发展目标，依据内外部条件，收集信息，进行归纳、分析、整理，并测算出各方案可能实现的条件结果，运用特定的技术方法或手段，筛选出最佳方案或形成一个综合方案，并将该方案付诸实施以实现既定的发展目标。最后一步工作就是决策，属于决策行动。在此之前的一系列工作，均属于决策分析工作。农业经营决策也是如此。农业经营决策与一般的决策存在共同之处，但由于农业企业本身固有的特征，因而，农业经营决策也必然具有其自身特征。

第一，企业是通过生产产品或提供服务来实现其经济效益和社会效益的。因此，经营决策所要确定的目标，就必须着重于企业所生产的产品或提供的服务。能否准确确定目标决定着企业能否生存和发展，这是企业经营决策的关键。如果一个企业生产的产品或所提供的服务不为顾客或用户所欢迎，这就说明企业经营决策中所确定的目标错了，应该重新加以选择或修正。否则其他相关的决策将会毫无意义，甚至影响到企业自身能否生存。

第二，经营决策要符合企业的实际。从确定企业的目标开始，到提出和选择实现目标的方案，以至于定目标的方法和途径，始终不能离开企业的实际。如果面对的是一个刚创办的企业，在进行决策的时候，就必须从企业的实际情况出发，做一番认真的分析和评估。在企业创办之前，决策者应该详细考虑、全面分析、适当预测，做到心中有数、成竹在胸。正如古人所言："凡事预则立，不预则废。"又譬如，面对的是一个已经建立或正在运作的企业，要做出决策，同样不能离开企业的实际。无论是做局部性的决策，还是做全局性的决策，无论是做短期、中期还是远期决策，对一个已经运作的企业而言，更应从本企业的实际出发，仔细分析企业的现状和以往的情况，总结成功的经验和失败的教训。这样，就更能了解、把握企业自身的优势和长处，认识存在的劣势或弱点，扬长避短。这种分析过程是对企业不断进行再认识的过程，而这种再认识的过程，正是对这类企业进行正确决策的基础和前提。有了这一基础和前提，再加上对客观环境与企业发展之间形成的（包括可能形成的）种种机遇与挑战，以及对推动或制约因素的分析、把握和运用，企业的决策就可以"知己知彼"，决策成功的可能性就大为增加。总之，不论是何种企业，如果离开企业自身的实际而进行决策，不重视主观条件，不坚持主观、客观条件的和谐与一致，那么这种决策就很容易变为无本之木、无源之水，成为盲目的、违反科学的决策，而这样的决策对企业所带来的影响及造成的后果将会是很严重的。

第三，经营决策要注重对企业生存和发展环境的研究。任何企业都离不开一定的环境，环境对企业而言，既包含着机遇，也包含着风险。企业经营决策一定要重视环境这一因素，并对它进行详尽的分析，以便企业能适应环境，主动参与改善环境，并进而做到能动地运用环境因素趋利避害，使自身赢得生存的空间和求得发展的主动权。与企业生产和经营有关的环境因素包含生产环境、社会环境、自然环境、经济环境等，而且从当今企业的发展来看，在进行决策时，不仅要考虑国内环境，还应注重对国际环境的了解和研究，要把国际环境作为决策时予以考虑的一个重要因素。就生产型企业来说，企业的决策，如企业的选址、产品种类的确定、原材料的来源和供应的保障、原料和产品的运输、能源的供应无不与生产环境和自然环境的因素密切相关；无论是生产型企业还是服务型企业，要生存，要发展，都要充分考虑企业所处的社会环境和经济环境。哪些产品和服务是社会所需要的，这种需要随着社会环境和经济环境的发展变化将会有哪些变化，跟随这种变化企业将有哪些应变措施，将为社会提供哪些新的产品和服务，社会环境和经济环境的变化和改善将会给企业提出哪些挑战或提供哪些机遇，企业的决策者都必须认真研究，力求预先做出评价和估计，才能真正做到心中有数。这些对做出科学有效的决策是十分重要的。

三、经营决策的影响因素

在经营决策过程中，组织的决策受到以下因素的影响：

（一）环境因素

环境对组织决策的影响是不言而喻的，这种影响是双重的。

1. 环境的特点影响着组织的活动选择

就企业而言，市场稳定，今天的决策主要是昨天决策的延续，而市场急剧变化，则须对经营方向和内容经常进行调整；位于垄断市场上的企业，通常将经营重点致力于内部生产条件的改善、生产规模的扩大以及生产成本的降低，而处在竞争市场上的企业，则须密切注视竞争对手的动向，不断推出新产品，努力改善营销宣传，建立健全的销售网络。

2. 对环境的习惯反应模式影响着组织的活动选择

即使在相同的环境背景下，不同的组织也可能做出不同的反应。而这种调整组织与环境之间关系的模式一旦形成，就会趋向固定，限制着人们对行动方案的选择。

（二）过去决策

今天是昨天的继续，明天是今天的延伸，历史总是要以这种或那种方式影响着未来。在大多数情况下，组织决策不是在一张白纸上进行初始决策，而是对初始决策的完善、调整或改革。组织过去的决策是目前决策过程的起点，过去选择方案的实施，不仅伴随着人力、物力、财力等资源的消耗，而且伴随着内部状况的改变，带来了对外部环境的影响。"非零起点"的目前决策不能不受到过去决策的影响，过去的决策对目前决策的制约程度要受到它们与现任决策者的关系的影响。如果过去的决策是由现在的决策者制定的，而决策者通常要对自己的选择及其后果负管理上的责任，因此会不愿对组织活动进行重大调整，而倾向于把大部分资源投入过去方案的执行中，以证明自己的正确。相反，如果现在的主要决策者与组织过去的重要决策没有很深的渊源关系，则会易于接受重大改变。

（三）决策者对风险的态度

风险是指失败的可能性。由于决策是人们确定未来活动的方向、内容和目标的行动，而人们对未来的认识能力有限，目前预测的未来状况与未来的实际状况不可能完全相符，因此在决策指导下进行的活动，既有成功的可能，也有失败的风险。任何决策都必须冒一定程度的风险。

组织及其决策者对待风险的不同态度会影响决策方案的选择。愿意承担风险的组织，通常会在被迫对环境做出反应以前就已采取进攻性的行动，而不愿承担风险的组织，通常只对环境做出被动的反应。愿冒风险的组织经常进行新的探索，而不愿承担风险的组织，其活动则要受到过去决策的严重限制。

（四）组织文化

组织文化制约着组织及其成员的行为以及行为方式。在决策层次上，组织文化通过影响人们对改变的态度而发生作用，任何决策的制定，都是对过去在某种程度上的否定。

任何决策的实施，都会给组织带来某种程度的变化，组织成员对这种可能产生的变化会怀有抵御或欢迎两种截然不同的态度。在偏向保守、怀旧、维持的组织中，人们总是根据过去的标准来判断现在的决策，总是担心在变化中会失去什么，从而对将要发生的变化产生怀疑、害怕和抵御的心理与行为；相反，在具有开拓、创新气氛的组织中，人们总是以发展的眼光来分析决策的合理性，总是希望在可能产生的变化中得到什么，因此渴望变化、欢迎变化、支持变化。显然，欢迎变化的组织文化有利于新决策的实施，而抵御变化的组织文化则可能给任何新决策的实施带来灾难性的影响。在后一种情况下，为了有效实施新的决策，必须首先通过大量工作改变组织成员的态度，建立一种有利于变化的组织文化。因此，决策方案的选择不能不考虑到为改变现有组织文化而必须付出的时间和费用的代价。

（五）时间因素

美国学者威廉·R.金（William R. King）和大卫·I.克里兰（David I. Cleland）把决策类型划分为时间敏感决策和知识敏感决策。时间敏感决策是指那些必须迅速而尽量准确的决策，战争中军事指挥官的决策多属于此类。这种决策对速度的要求远胜于质量。例如，当一个人站在马路当中，一辆疾驶的汽车向他冲来时，关键是要迅速跑开，至于跑向马路的左边近些还是右边近些，相对及时行动来说则显得比较次要。

相反，知识敏感决策对时间的要求不是非常严格。这类决策的执行效果主要取决于质量，而非速度。制定这类决策时，要求人们充分利用知识，做出尽可能正确的选择。组织关于活动方向与内容的决策，这类决策着重于运用机会，而不是避开威胁，着重于未来，而不是现在，所以选择方案时，在时间上相对宽裕，并不一定要求必须在某一日期以前完成。但是，也可能出现这样的情况，外部环境突然发生了难以预料和控制的重大变化，对组织造成了重大威胁。这时，组织如不迅速做出反应，进行重要改变，则可能引起生存危机。这种时间压力可能限制人们能够考虑的方案数量，也可能使人们得不到足够的评价方案所需的信息，同时还会诱使人们偏重消极因素，忽视积极因素，仓促地做出决策。

四、经营决策的分类

经营决策依照不同的要求，可以有不同的分类。

（一）宏观决策、中观决策和微观决策

依照经营决策涵盖面的大小和决策所涉及的时间长短不同，可分为宏观决策、中观决策和微观决策。

这些决策之间的区分，主要是指每项决策所涉及的内容与企业整体关系的密切程度的大小。如果决策本身是关乎整个企业的生存、发展一类的带根本性的问题，既关系到当前，又关系到今后一段较长时期内的企业命运，这便是宏观决策；如果是关系到企业某一特定时期的生产、服务、经营的发展、调整，以便为企业的整体或长期发展目标服务的决策，则是中观决策；微观决策是指某些为企业的宏观决策、中观决策服务的，在企业内部某一局部、某一环节、某一短暂时期内做出的决策。微观决策往往是战术性的、在某一较小范围内的，同时又往往是十分具体的决策行为。这几种决策之间，存在着相互联系又相互制约的关系，但应该明确的是，涵盖面较小的决策，永远是为涵盖面较大的决策服务的。

（二）战略决策和战术决策

从决策所起的作用大小看，企业经营决策可分为战略决策和战术决策。

战略决策指的是企业中关系到总体的、全局的、长远的和根本问题的决策。一个企业，它的发展方向是否正确、路子是否宽广、前景是否乐观，从根本上说，是由其战略决策是否正确决定的。如果企业的战略决策错误或出了偏差，就会危及企业的生存和发展。因此，可以说战略决策正确与否，是企业生死攸关的大事。在战略决策中，又包含着企业的总体战略决策和分战略决策两类。总体战略决策覆盖整个企业以及与企业相关的每个方面。但是，总体战略决策又是由各个分战略决策构成的，每个分战略决策的拟就，要根据企业总体战略决策的需要，为实现总体战略决策的要求和目标服务。至于企业的分战略决策，指的是与企业生产、服务、运作、竞争、发展相关的各个方面的战略决策，如生产战略决策、经营战略决策、投资战略决策、科技进步战略决策、市场竞争战略决策、人才培养战略决策等等。在制定企业的总体战略决策和分战略决策时，有一条原则应该予以充分重视，那就是要善于发现、把握、培植企业的优势，抓住先机。唯有如此，在进行战略决策时才能高瞻远瞩、开阔视野、充满信心，才能使企业在变化、发展的环境中立于不败之地。同时，也要正视企业自身存在的薄弱环节和困难，在总体战略决策中，尤其是在各方面的分战略决策中，拿出力量和办法解决问题，以使企业的某些劣势尽快地转变为优势。

战术决策，指的是企业经营决策中针对某一具体对象的具体决策。这种决策，多见于日常的生产、服务、管理过程中，是为了解决企业运作中某些具体问题而做出的。它具有涉及面较窄，影响只限于某个局部或只关系到某一段较短时间内的特点。就决策者的职责范围而言，战略决策，尤其是总战略决策，是由企业的高级管理层、主要的领导者和决策

者负责做出的；分战略决策和战术决策则往往是由企业的中层管理者、部门负责人根据需要做出的。当然，即使是战术性的决策，也不能违背战略决策的要求和目标，应该为战略决策的实现而服务。

（三）个人决策和团体决策

以做出决策这一行动的参与人数多寡来分，企业经营决策可以分为个人决策和团体决策。

个人决策，就是凭借决策者个人的主观能力进行的决策。它受到个人的智慧、阅历、经验和对决策对象的了解程度的限制，也受到个人性格特征和心理特点的影响，局限性很大，成功的把握也较小。在现代企业经营决策中，已经较少采用这种方法。

团体决策，就是借助团体的力量来进行决策。团体的力量取决于领导人的主观能力，以及领导者与被领导者之间在智力结构、工作素质、工作作风和态度方面的配合情况。随着社会的发展和科技的进步，影响决策的因素不断增多，决策涉及面广，影响时间长，因而决策失败造成的后果影响更为深远。因此，现代企业经营决策的发展趋势，越来越趋向于依靠团体的力量和严格科学的决策程序来进行。

（四）单目标决策和多目标决策

以企业经营决策的目标来分，企业经营决策可以分为单目标决策和多目标决策。

在企业经营决策过程中，有时要实现某一项确定的目标而进行的决策，这就是单目标决策。这类决策所要实现的目标，有些是时效性较强的，例如，为了适应市场竞争的需要，在生产、产品改良、产品销售价格、产品售后服务等方面为某一项目标的实现而做出的决策；但是，有些单目标决策也可能是关系企业整体的，而且这一目标贯穿企业的生产、经营、服务、管理的始终。这类决策目标的确定和实现有利于确定和体现企业的特色，从而保证企业的生存和发展。可见，单目标决策很重要，切不可因为目标比较单一就忽视了它或在决策过程中掉以轻心。多目标决策则是与单目标决策相对而言的，它的特点是决策要实现的目标在两个以上；多目标中各目标之间往往是互相关联、相互支撑的；多目标之间，有先后实现之分，但却无此轻彼重之别；无论多目标的具体数量是多少，它们的实现是为整个企业的全局、企业发展的战略目标服务的。要科学、顺利地做出并完成多目标决策，决策者就一定要了解多目标决策的特点，在了解市场、企业所面临的挑战和机遇的前提下综合调度、全面思考。企业在做多目标决策时，应着眼全局，多角度、多层次考虑问题，切忌只顾眼前、图一时之快，或者顾此失彼，造成多目标相互之间牵扯，产生不了合力。

（五）确定型决策、非确定型决策、风险型决策

按照决策问题所处条件与所产生的后果不同，经营决策可分为确定型决策、非确定型

决策和风险型决策。

确定型决策，又称肯定型决策，是指每一种可供选择的方案所需要的条件和未来状态完全已知，对每一种方案实施后果也能计算确定，可以在比较中做出肯定择优的选择。

非确定性决策，又称不肯定型决策，是指各方案所出现的结果不确定，而且不能预计其出现的概率，因此只能靠决策者的经验和主观判断而做出的决策。

风险型决策，这种决策各方案的条件大部分是已知的，出现的结果却不能确定，但这种不确定的结果出现的概率又是可以预先估计的。由于决策的最后结果受概率的影响，而且这种概率是事先预测的，实际情况的出现不一定完全和概率相符合，所以这种决策带有一定风险性，故称之为风险型决策。

五、经营决策的内容

经营决策的内容十分广泛，概括起来主要有以下六个方面：

（一）生产决策

生产决策主要是确定企业生产方针、发展方向、生产结构、生产规模、资源的合理配置与技术措施的选择等。

（二）营销决策

营销决策是指企业识别、分析、选择和发现市场营销机会，以实现企业经营目标的一系列活动过程。主要包括市场调研、预测，产品市场定时定位决策，产销量、分配路线和销售方式决策，销售促进技术和市场营销组合决策、价格决策、竞争战略、售后服务和其他销售业务决策等。

（三）财务方面的决策

主要包括资金筹集决策，即如何为企业筹备所需资金的决策；投资决策，即把能动用的资金投向何种生产经营活动的决策；对投入生产经营过程中的资金如何使用的管理决策等。

（四）研究开发决策

主要包括市场开发、产品开发决策，新技术、新工艺开发决策，人力资源开发、智力开发决策等。

（五）组织人事方面的决策

主要包括企业组织机构设置、权责分工、组织人员配备及干部任用考核、任免和培训等方面的决策。

（六）其他方面的决策

包括员工聘任的决策，激励机制和思想教育、职工福利事业的发展决策以及环境保护的决策等。

六、经营决策的原则

按照企业经营决策的基本要求和具体要求，在进行经营决策时应遵守的原则，包括以下几个方面：

（一）信息原则

信息是企业进行决策的前提和基础。决策过程实际上就是收集信息、分析信息、利用信息，根据信息进行评价、判断并做出选择的过程。因此，要保证决策的正确、成功，就一定要掌握和运用好信息原则。随着科学技术的进步，信息量不断增加，信息交流、传播的范围越来越广，但信息交流的手段越来越先进，因而交流、传播所需的时间越来越短，同时，正确的信息所产生的效益也越来越高。因此，企业在收集信息时应该讲求"快"和"多"。也就是说收集信息的速度要快，注重信息的时效性；数量要多，凡是与企业的生存、发展有关的信息，都要收集。对信息进行分析、评价、判断、选择时，则应讲求"细"和"准"。"细"就是要认真仔细，一条有用的信息，有时看起来微不足道，但若仔细分析，并正确运用于企业经营决策，则可能对整个决策产生始料未及的巨大作用，也可能会带来很好的效益。运用信息要做到"准"，一种可行的方法就是"比较"，通过比较，可以从众多的信息中鉴别出真假、权衡出利弊、筛选出优劣，还有利于信息的取长补短。决策者在利用信息时要仔细思考、善于判断，这是准确运用信息的关键。当然，还可以利用现代的科学手段，如信息网络、信息库等作为辅助手段，以提高效率和增强可靠性。

（二）预测原则

对企业来说，决策实际上就是在现有条件的基础上对未来的发展进行判断和安排。因此，企业的任何决策都包含着对未来的预测。企业的产品或服务，其生产、经营、质量、市场、价格、管理等都可能产生变化。而企业中某一种因素的变化，又必然影响或牵动其他因素和条件，最终影响整个企业。因此，决策时对企业的内部、外部的种种因素和条件做出预测，就显得非常重要。决策过程中掌握和运用预测原则，目的是预测企业的未来。充分和正确的预测能使企业把握机遇、减少失误、获得发展，也能使企业预见变化，预先拟订对策以适应变化，避免在发生不利于企业的变化时束手无策、陷于被动。

（三）满意原则

企业经营决策的目的，就是要使未来的发展更符合决策者的意愿和要求。就是说，决策的结果是要让决策者满意。"满意"，通俗地说，就是通过决策，使企业选择最佳的发展目标和实现这一目标的最佳方案。崇尚完美，"心想事成"，这是人类所普遍向往和追求的，但在现实生活中，这种向往和追求却往往是难以达到的。基于这个道理，企业经营决策中的满意原则，应该具有相对性，即从企业实际和客观环境的条件出发，通过卓有成效的努力，去实现企业所确定的目标。所谓"最佳""尽可能完美"，都是在不断变化的条件下相对而言的。人类的生产活动、社会活动、科学技术的进步、人类对提高生活文明程度的要求等，都处于不断的变化和发展之中。因此，对"满意度"标准的要求也是不断变化、不断提高的。实际上，世界上没有十全十美的事情，企业的决策目标、决策方案当然也是如此。因此，遵循普遍的客观规律，选定切合企业实际的最佳目标和实现目标尽可能完美的实施方案，就应该是符合决策的"满意原则"。从这个角度来理解和把握这一原则，既有利于企业经营决策目标的实现，也有利于推动企业的进步和发展，使企业在实现既定的决策目标之后，能更有把握地去开创新局面，登上新台阶，去制定并实现新的更宏伟的目标。如果追求不切实际的十全十美的决策目标，耗费大量的时间、精力和财力，则当决策目标无法实现时，不但造成人、财、物的浪费，还会影响信心和士气，为企业今后的发展带来内部和外部的不必要的伤害，得不偿失。

（四）系统原则

运用系统原理、方法对企业做出决策，这就是系统原则。无论是生产型的还是服务型的企业，其内部构成及与外部的种种联系，本身就是一个完整的系统，因而日常的运作和管理也是作为一个系统来进行的。我们经常提到的"产、供、销""科、工、贸""农、工、商"，就是把几个不同的环节或几种不同的产业连在一起，实际上就是反映了企业内部或企业集团内部的系统。对于企业，如果不用系统理论作为指导的原则，内部管理就会顾此失彼、出现混乱，正常的生产和经营活动就会无法进行，企业就会运作失序、毫无效率，甚至还会导致企业垮台。一个企业与外部的种种联系，也是一个完整的整体。很难想象，企业离开外部联系这个系统还能够立足、生存和发展。正因为如此，企业在进行决策时，也应该把握和运用"系统原则"不仅要把企业内部和企业外部的条件和联系作为完整的系统来考虑，而且要把确定决策目标、实现目标方案的选择以及采用的方法、途径视为一个系统加以考虑。这样，既有利于企业本身的内部协调，也有利于企业内部与企业外部的相互沟通、协调和彼此促进，有利于企业确定最优的决策目标和方案，避免造成损失和出现失误。

（五）可行性原则

企业经营决策要得以实现，关键之处在于决策是否具备可行性。这里说的可行性指的是决策符合科学、符合主客观条件、经过充分努力可以达到或实现。有些决策，表面看来似乎可行，实际上并不可行；有些决策，当时看来似乎可行，但过了一段时间之后，又显示其不可行；又有一些决策，单项看来是可行的，但一经实施，与其他因素、环节不配合，又证明是不可行的；等等。出现上述几种不可行的决策，原因可能是多方面的，例如，决策前准备不足，没有做详细的调查研究，使决策目标和实现目标方案的选择和确定偏离或超越实际；在决策过程中，决策者凭主观意志武断仓促地拍板定案，使本该是科学化、民主化的决策过程变成了凭经验、靠权力，既不尊重科学又不讲民主的决策；决策目标和实施方案确定并开始实施之后，没有及时收集情况，没有及时发现和积极解决出现的问题，不能及时修正决策目标和实施方案中的错误或失误。这种情况，若不加以及时有力的纠正，就必然会导致决策失败。要使决策成功，一定要运用可行性原则。而要用好可行性原则，有两条必须认真加以重视：一是做好调查研究工作；二是尊重科学，充分听取专家的意见。在选定目标、选定实施方案，即进行决策之前，一定要先做充分的调查研究，充分征求各类专家的意见，就目标和方案是否合理、面对的困难是否能够克服，以及如何克服这些困难，有哪些利弊，利弊之间如何相互制约，能否相互转化，所确定的目标经济效益和社会效益如何，各种方案有何优点和缺点，能否实现优势互补、综合采用等情况进行详细的了解和科学的分析，做出精确的计算、充分的比较和如实的评价，再进行可行性论证。

在论证过程中，决策者应善于听取不同意见，尤其要善于从专家的不同意见中让自己的思想得到启发、深化或修正原来的思考，使之更周密、更科学。进行科学的可行性论证好处很多，它可以减少或排除决策的错误或失误，还可以使决策具备"最佳性"，即选取最佳的目标和实现目标的最佳方案。在时间安排上，进行可行性论证一定要在决策之前，不能安排在决策之后。先论证，再决策是科学的决策程序；若是先决策，再论证，那就是违背科学，变为搞形式主义。往往会造成决策错误，受害的是企业，决策者当然最终也难辞其咎。

（六）择优原则

择优原则是用来衡量决策是否属于多方案中最理想的（有时不一定是某一目标值的最优方案）方案，决策产生于多方案的选择。如果没有多方案，就不存在决策，也不需要决策。决策面临多方案的选择时，必须从中选出最符合目标和对现有条件最有利的作为决策的行动方案。

在择优过程中，要充分注意价值标准的选择，因为它是决策判断优劣的依据。价值包括三个方面：经济价值、学术价值和社会价值。如果仅看到经济价值，而忽视了学术价值和社会价值，往往会失去前进的方向或导致违反社会风尚和伦理道德的结果。所谓经济价值，一般是指投资、利润、产品价值等；学术价值是指在技术和理论方面在国内外的先进性等；社会价值是指产品投放市场后，满足社会的需求程度以及使用之后对社会风尚和伦理道德的影响，也包括对环境保护所引起的影响等。在选择价值标准上，应当统筹兼顾，但应当把社会价值和学术价值放在优先的位置，必须在符合社会价值和学术价值标准的前提下，选择经济价值标准，否则企业最终难逃失败的命运。有的为"三农"服务的产品，经济效益一般，但社会效益很好，应做重点考虑。

上述六条原则，并非在所有的决策中都会充分体现出来。在实际的决策工作中，往往只有少数决策能比较好地符合上述原则，而大多数决策只是符合上述部分原则。符合上述原则的不同程度，实际上反映了决策水平的高低。

七、经营决策的程序

经营决策是一个系统工程，它是由几个不同阶段构成的。概括起来，企业经营决策有以下几个阶段：

（一）决策准备阶段

决策准备阶段，指的是决策前为进行决策而做准备工作的阶段。具体地说，在这一阶段中，应该完成以下两项工作：

1. 决策前的调查

这是决策准备工作的基础。因为企业经营决策的根本目的在于求得企业的生存和发展，而任何使企业获得生存和发展的决策必定要从企业的实际情况出发，所以这项工作就是必不可少的基础性工作。调查工作，应从企业本身及企业内部开始，通过调查，找出企业自身的优势、长处和强项所在，同时，也找出企业存在的弱点、劣势和困难所在。也就是说，通过调查，决策者在进行决策之前，对企业有一个客观的了解和认识。在这里，坚持实事求是的态度是重要的，有了这种态度，调查工作才能扎实、有效，调查获得的情况和数据才能如实、可信。也只有坚持实事求是的态度，决策者才能在看到本身优势时找出差距和问题，尤其将企业与国内外同行之间进行比较而显露出来的差距和问题作为调查的重要内容，对外部环境中有利于企业生存、发展的因素和不利因素、制约因素，应通过调查做到心中有数，这对进行科学、正确的决策亦是不可缺少的。

2. 研究和思考

这是企业经营决策准备工作的第二步。通过调查得来的各种情况、材料、数据，必须经过研究和思考，并进行归纳、分析和综合，才能得到正确的结论。对企业来说，通过调查、研究和思考而得出的结论也就是企业面临的机遇和挑战所在，研究和思考的过程是在重视客观因素的基础上进行的主观活动。在决策过程中，决策者的愿望、决心和意志是一种主观活动的体现，而要使这种主观活动正确、合乎科学，就要求决策者在对调查获得的各种信息进行研究和思考时，注重研究和思考的深度和广度，注意各类信息、各类因素之间的差别和联系，以及它们之间可能出现的彼此互动、消长、相互制约及转化，从中寻找、发现带有规律性的东西，从而不断地提高认识水平，激发创新意识，以利于做出正确的决策。

（二）决策阶段

决策阶段是决策过程进入集中操作的阶段。这个阶段的特点是每个步骤应该要求明确，具备可操作性，而且各个步骤之间必须环环相扣，使之形成一个整体。

无论是企业的哪一类决策，一般而言，均有如下步骤：

1. 确定决策目标

它是企业经营决策阶段的第一步。提出、选择、确定决策目标是关系到决策过程和企业生存、发展的重要一步。这一步骤，可以说是上述整个决策准备阶段的一个结果，同时又是进入决策阶段的起点。确定决策目标，操作时可从下述几个方面进行：

首先，充分运用决策准备阶段的成果，从中寻找、提出、选择、确定决策目标的依据；其次，企业主要决策者在起主导作用的同时，要善于利用决策层的集体智慧，使决策目标成为决策层群体的共识；再次，组织专家进行论证，充分尊重并听取有关专家在论证中对决策目标的支持、反对、补充、修改的意见，尤其是专家所提供的分析、数据和预测的意见；最后，由决策层和企业的主要决策者再经过深入的思考和慎重的选择，正式确定企业的决策目标。

在确定决策目标时，无论是单目标决策还是多目标决策，都应事前提出不止一个的决策目标，以供比较和筛选。这样做既是一种合乎科学的、慎重的做法，也是决策者多视角观察问题、多层次思考问题的需要，对选准决策目标，乃至保证决策目标的最终实现，有着重要的作用。

2. 选择决策实施方案

决策目标确定之后，选择决策实施方案就成了必不可少的一步。俗话说，一把钥匙开一把锁。如果把企业的决策目标当作一把锁，那么决策实施方案就是打开这把锁的钥匙。更确切地说，决策实施方案是面向实现决策目标的途径和桥梁。可见，选择实施方案是否得当，对能否实现决策目标是至关重要的。

选择决策实施方案，可具体从以下几方面入手：

首先，可以经过决策层、管理层和企业员工的共同努力，在企业内部提出若干备选的决策实施方案，也可以用约请专家或招标的方法，从企业外征集若干备选的决策实施方案，然后将上述两类备选方案集中起来，作为进行选择的基础，并对各个备选的决策方案进行分析和比较。这种分析应注意的是要冷静、全面，注重根据。在分析时可运用以往积累的经验进行分析，也可以通过精密的计算进行量化分析，并对各个备选方案做比较。这种比较，可以是不同备选方案的整体比较，也可以是不同方案中各部分的比较。通过比较，辨别优劣，择优采用，最后确定一个较理想的方案作为决策实施方案。这个确定下来的决策实施方案，可以是备选方案中的某一个，也可以是以备选方案中的某一个为基础，再做删改、补充，修改、删除其中某些不可行之处，并将其他备选方案中可行的、有创见的部分补充进去，形成一个更为完备的实施方案；还可以把各个备选方案中的长处集中起来，经过综合整理，成为一个全新的实施方案。在选择、确定实施方案过程中，要十分重视对方案的全面评估和详细论证，这是保证方案可靠必不可少的手段和环节，切不可以因为无关紧要而不予重视。

（三）决策方案实施阶段

这个阶段，是行动阶段，即把决策实施方案有计划、分阶段加以落实，以实现决策目标。这个阶段的要求是目的明确、彼此协调、讲求效益、做出实绩。所谓目的明确，就是要在企业内部的决策层、管理层及各个部门，以及全体员工中，通过适当的渠道和方式，让每个人都了解决策方案实施的意义、作用、具体的要求，及所应承担的任务，使企业上下明确干什么、为什么干和怎么干。这既是明确目的的过程，也是在企业内部上下动员的过程。彼此协调，在决策方案实施过程中是十分重要的，因为不论从方案本身还是从企业整体看，做什么事都需要相关部门的配合，也总会有主次之分和先后之别，要有计划、有步骤地使方案得以落实，要使企业运行处于良好状态，要战胜困难和风险，就必须注重彼此协调。否则，若在实施决策方案中出现只顾眼前、不顾长远、只顾局部、不顾整体、只顾自己、不顾他人的行为，则必将危及决策方案的有效、全面实施，且最终也必将危及企业本身。讲求效益，就是在落实决策方案时，始终把讲求效益放在重要的位置上。因为若不讲求效益，则决策方案的实施就会毫无意义。效益，当然包括经济效益和社会效益两个方面，而且，应在注重社会效益的前提下，力求获得尽可能大的经济效益。对企业而言，效益有大小之别，也有短期效益和长期效益的不同，在追求尽可能大的合理效益时，要把握好这一点。在实施决策方案过程中，切不能因为有时效益较小而放弃，也不能因追求小的效益而影响了追求大的效益，更不能为了追求眼前的短期效益而伤及未来长期的效益。一句话，切勿"捡了芝麻，丢了西瓜"。做出实绩，就是说企业的生产、经营、销售、服务的每一项进步，是干出来的，是讲求务实的。因此，它的每项决策、每项决策的具体实施，也当然应该是务实的。诸如企业生产、服务规模的扩大，新产品的研制和新科技的应用，产品市场和服务市场的拓展，企业内部经营管理的改进，企业全员素质的提高，等等，每一项新决策的落实，都应该树立务实的态度，有扎实的行动。唯有如此，才有可能做出实绩，才能达到或者超过预期的目标。在落实决策措施时，千万不可只讲不做，或追求表面上热热闹闹而无实际效果的形式主义，更不能弄虚作假、自欺欺人。须知，要让决策措施落实，实现决策目标，靠的是实干。除此，绝无其他捷径可寻。

（四）决策方案实施的后续阶段

这个阶段，是决策实施阶段的延伸，它包括决策实施的跟踪、反馈、监控、修正等方面。

在决策方案实施过程中，情况如何，是否顺利，遇到了哪些困难、矛盾和问题，企业内部和外部环境有了什么变化，结合企业经营决策方案的实施带来什么新的机遇或挑战，企业本身将有什么相应措施，等等，都取决于决策实施的跟踪、反馈、监控和修正。任何企业，它所面临的内部和外部环境，都是处在不断发展、变化之中的。因此，决策方案的实施也不可能一锤定音、一成不变，所以应该在环境的发展变化中适应变化、追求发展，而且跟踪要连续，反馈要及时，监控要得力，修正要适当。

如果决策实施的后续阶段运作不正常，很可能使决策方案实施过程中的困难、矛盾和问题得不到妥善解决，造成损失或者贻误了时机，失去了机遇，结果是决策方案实施不了，决策目标落空，给企业的生存和发展带来不应有的损失。这里要强调的是，在实施过程中对决策方案修正时，应适时得当。如果企业内外环境变化了，决策实施中的跟踪、反馈、监控得到的情况已经充分说明了这一点，就应适时果断地对方案做修正，这是企业经营决策的科学性、时效性的体现。但是，所进行的修正又应该是得当的。决策者对决策方案应该有信心，不要因为内外情况稍有变化就信心动摇，匆忙地对决策方案做根本性的改变。即使只对方案做部分的、局部的改变，也要反复权衡，慎重行事。须知，决策方案中的某一改变，往往会产生"牵一发而动全身"的效应，一旦这种修正、改变考虑欠周全，就会带来严重的后果。所以说，要特别强调的是"得当"。

企业经营决策的程序，归纳起来说，就是确定决策的目标，然后寻求实现决策目标的手段、方法和途径，并且在此前和此后，要做好事前的准备，决策过程的论证，各个阶段的衔接、连贯以及决策实施后的后续工作。总之，决策是一个有序的、系统性很强的、动态的过程，若从主观和客观诸多关系来考察，决策的程序是从客观到主观，又从主观到客观不断深化、不断提高的对事物的认识过程。只有充分了解企业内部和外部的客观情况及其发展变化，主观地分析、判断，才能把握企业发展的趋势和走向，才能以自己的主观能动性为企业的发展闯出新路。

八、经营决策的方法

随着决策理论的发展，人们创造了许多有效的经营决策方法，归纳起来可分为两大类，即定性决策方法和定量决策方法。

（一）定性决策方法

定性决策方法是指人们利用已有的知识、经验和分析判断能力，完成决策活动全过程的方法。定性决策方法运用简便灵活，省时省力，又有利于群众参与决策，保证决策的顺利执行，但主观性较强，分析论证不够严密。常见的定性决策方法包括以下几种：

1. 专家意见法

专家意见法亦称专家意见函询调查法。做法是发函请某些专家就某一问题提出看法和意见，被征询的专家可以是属于不同学科或虽属同一学科，但研究的重点是不同的；也可以属于同一学科、同一研究方向，但研究方法、成果结构相互不同而又各有创见的，这样，将有利于决策者重点、全面地听到专家的见解。在收到专家们的回复之后，加以思考、归纳、整理，再分类给各位专家继续征求意见，如此反复多次，直到意见比较集中为止。

2. 方案前提分析法

方案前提分析法的特点是不分析决策方案的内容，只分析决策方案的前提能否成立。如果前提能够成立，则可说明目标和途径正确。

3. 头脑风暴法与反头脑风暴法

头脑风暴法又称畅谈会法。这种方法的做法是邀集专家，针对一定范围的问题，用座谈的方式，请大家敞开思想、畅所欲言地谈出自己的见解。采用此种方式时也立下一些规矩，如鼓励每一个人独立思考，开阔思路，不要重复别人的意见；意见、建议、见解越多越好，不受限制，也不怕不同意见的冲突；对别人的意见不要反驳、不要批评，也不要急于下结论，可以补充和发展相同的意见。这种做法，可以集思广益，求得创新，对决策的广度、深度很有帮助。反头脑风暴法则与以上做法相反，同意、肯定的意见一概不提，而专门找矛盾，挑毛病，群起而攻之。这种方法，则可以激发思维，有利于减少决策失误或做好失误的防范，从另一个角度增强决策的科学性，提高决策的成功率。以上两种方法，各有特点，又具互补性，若运用得当，对保证决策的正确性、科学性作用甚大。

4. 创造工程方法

这种方法追求的目的是针对某一问题提出创新性的方法或方案。创造工程法把创新过程看作是一种有秩序、有步骤的工程。它把创新过程分为三个阶段和十多个步骤：第一阶段，确定问题，包括主动搜索、发现问题、认识环境、取得资料、确定问题等步骤；第二阶段，创新思想阶段，通过主动多发性想象、自发聚合等步骤形成创造性设想；第三阶段，提出设想和付诸实施，把设想形成方案，并接受实践检验。

（二）定量决策方法

定量决策法，又称为硬技术方法，是建立在数学公式计算基础上的一种决策方法，是运用统计学、运筹学、电子计算机等科学技术，把决策的变量（影响因素）与目标，用数学关系表示出来，求出方案的损益值，然后选择出满意的方案。

为了保证影响组织未来生存和发展的管理决策尽可能正确，必须利用科学的方法。决策方法可以分为两类：一类是关于组织活动方向和内容的决策方法；一类是在既定方向下从事一定活动的不同方案选择的方法。由于管理决策方法主要是在研究企业经营决策的过程中不断发展起来的，因此下面主要介绍企业在决策中常见的几种方法：

1. 确定型决策方法

确定型决策，又称程序化决策或定型化决策，这种方法是指影响决策的因素、条件和发展前景比较清晰明确，并且容易做出判断，根据决策目标可以选择最佳方案。运用这种方法评价不同方案的经济效果时，人们对未来的认识比较充分，了解未来市场可能呈现某种状况，能够比较准确地估计未来的市场需求情况，从而可以比较有把握地计算各方案在未来的经济效益，并据此做出选择。这种方法的特点是：每当一个新问题发生时，不必做新的决策，而只需要按原规定的程序去办即可。未来确定条件的评价方法也很多，比如单纯选优法、量本利分析决策法、内部投资回收率法、价值分析法等等。常用的是单纯选优法和量本利分析决策法两类，下面主要介绍这两种方法的基本原理。

单纯选优法，又称直观判断法，是根据已掌握的每一个方案的每一个确切结果进行比较，直接选择最优方案的方法。例如，某企业欲购买一种原材料，有四家厂商可提供这种原材料，分别报出的单价为：甲厂 40 元，乙厂 42 元，丙厂 45 元，丁厂 41 元。若这四个厂家均同意送货上门，则该企业应购买甲厂所生产的原材料。单纯选优法通常只适用于简单的情形。

量本利分析决策法，也叫保本分析法或盈亏平衡分析法，是根据业务量（产量、销售量、销售额）、成本、利润三者综合关系分析，用来预测利润、控制成本的一种分析方法。量本利分析的基本原理是用成本习性，指明企业获得经营销售量界限。成本习性是指成本的变动与产量之间的依存关系。企业的生产成本分为变动成本和固定成本两部分。变动成本随产量增减按比例变化，固定成本在一定范围内不受产量变动的影响。销售额减去变动成本之后的余额称边际贡献，这个余额抵偿固定成本后所剩余的部分即为利润。当总的边际贡献与固定成本相等时，恰好盈亏平衡，这时，再每增加 1 个单位的产品，就会增加一个边际贡献的利润。量本利分析法在企业经营决策中应用广泛，作用也很大。

这种方法的主要问题是找出盈亏平衡点，即销售收入线与总成本线相交的那一点。解决的方法有图解法和公式法。

图解法是以 x 轴表示产量，y 轴表示销售收入或成本费用，绘制成直角坐标图，然后将销售收入线、固定费用线和总费用线标到坐标图上，即可清楚地反映两者之间的动态关系及经济意义。

2. 风险型决策方法

风险型决策方法主要用于人们对未来有一定程度认识，但又不能肯定的情况。这时，实施方案在未来可能会遇到好几种不同的情况（自然状态）。每种自然状态均有出现的可能，人们目前无法确知，但是可以根据以前的资料来推断各种自然状态出现的概率。在这些条件下，人们计算的各方案在未来的经济效果只能是考虑到各自然状态出现的概率的期望收益，与未来的实际收益不会完全相等，因而据此制定的经营决策具有一定风险。

风险型决策是指决策者对未来的决策过程中可能出现的自然状态不是确切知道，只是知道各种自然状态出现的概率。风险型决策有四个特点：

①有明确的决策目标；

②有两个以上可以实现目标的供选择的方案；

③存在着多种自然状态，且状态出现的概率已知，或可以分析出来；

④可以确定出各可行方案在不同状态下的经济效果（损益值）。

风险型决策的评价方法也很多，下面主要介绍决策树法。决策树法是一种用树形图来描述各方案在未来收益的计算、比较以及选择的方法。用决策树基本图形可以使决策问题形象化，它把各种备选方案可能出现的自然状态及各种损益值简明地绘制在一张图表上，通过对比，选择较优的决策方案。由于图解方式比较醒目，故其不仅适用于风险型单阶段决策，更适用于风险型多阶段决策。

决策树主要由决策点、方案枝、状态点、概率枝（状态枝）和损益值五个要素组成，其图形像一棵躺倒的大树，因而得名。

用决策树的方法比较和评价不同方案的经济效果，需要进行以下几个步骤的工作：

①根据可替换方案的数目和对未来市场状况的了解，绘出决策树图形。

②计算各方案的期望值，包括：

A.计算各概率分枝的期望值。用方案在各自然状态下的收益值去分别乘以各自然状态出现的概率。

B.将各概率分枝的期望收益值相加，并将数字记在相应的自然状态点上。

③考虑到各方案所需的投资，比较不同方案的期望收益值。

④凡遇决策点，保留具有最大期望值的方案分枝，同时剪去期望收益值较小的方案分枝，将保留下来的方案作为被选实施的方案。

如果是多阶段或多级决策，则须重复②、③、④各项工作。值得注意的是，应用决策树进行决策的过程，是从右向左逐步后退进行分析。

作为决策分析工作人员，当采用决策树这一定量辅助方法时，一定要明确如下几个中心问题：什么性质的问题可以用决策树来分析？怎样画决策树？对信息有什么要求？怎样进行计算？如何解释分析的结果？该方法的好处是什么？有何不足之处？只有真正明确这些问题，才能正确使用这种方法。

这些主要内容是：

第一，问题特征。决策树这一定量辅助分析方法，特别有助于分析带有风险性的或者价格和潜在报酬较大的非重复性问题的决策。

从决策方面来讲，最重要的分析工作是简单地确定各种备选方案，列出可能影响其结果的事件，估计这些事件出现的可能性。这是每一个有成就的企业管理者在决策中都必须做到的。如果管理者具备了应用决策树进行分析的基本技巧，就可以使自己的思路有条理，有助于对复杂决策进一步理解。

一般来说，企业中有如下一些问题可用决策树分析方法：是否需要扩大生产（服务）能力，确定本企业的产品发展战略，分析改进包装式样对企业盈利的影响，分析市场占有份额增加的方案，确定是否需要改建、扩建或新建，等等。

总之，只要是具有非重复性、风险性以及有巨大盈亏后果的问题，都可以用这种方法。

第二，决策树的制定。由谁来完成决策树的绘制与计算工作，是一个十分重要的问题。项目大（如千万元以上），可聘请顾问或专业咨询机构帮助，但企业的管理者或决策者必须亲自参加决策树的制定工作。只有这样做，才能对工程项目的实际情况或问题的实质有所了解。无论大小项目的决策，管理者都要亲自参加。

一般来说，一项具体的决策分析工作，应由企业管理人员粗绘出第一个决策树。在这个树上应尽可能标出主要备选方案和主要随机事件。有时为了取得该问题重要性的设想，还可以粗估其概率（或是主观概率，或是客观概率），备选方案初步构成决策树，则可交给专业分析人员或者专家，作为进行细节分析的初始蓝图。

第三，对初始与改进信息的要求。一般来说，对初始信息也好，或是改进后的信息也好，都必须满足如下三项要求：①备选决策及其对未来可能事件的关系；②假定每个未来事件出现时，选择每个备选方案的结果；③每个事件出现的概率。

现实问题的复杂程度不一，对信息的需求量也不一样。问题比较简单，需要的信息量就小；问题越复杂，需要的信息量就越大，这时决策树可能会增长到很大程度。衡量一个决策树是否合理，不是看其大小，而是看其所列出的备选方案和确定的结果对某些未来事件的敏感性大小。如果在一张决策树上列出的敏感性小的分枝数目很多，那么这样的决策树就不是一个好的决策树，因为那样做，不仅无限增大了对信息的需求量，而且增加了计算上的麻烦。因此管理者必须仔细考虑，利用初步分析的结果，删去那些敏感性小的分枝，限制可能分枝的数目，减少对最终信息量的需求。这一工作既需要分析人员判断，也需要管理者积极参与最初陈述和分析。

第四，计算。采用决策树这种定量的辅助分析方法，计算工作很简单，一般有概率论基础，运用四则运算，就可以进行了。

在大型复杂问题的初始阶段，特别需要管理者本人进行分析，然后再提交专业人员进行分析。对于那些从其潜在的损益值来看，不值得再做更详尽的分析时，就不必再交给专业人员进行分析，由管理者本人分析即可。较大的工程项目或极为复杂的问题，可以将有关决策树的信息输入计算机进行处理。这对于检验各种估计价值的敏感程度和求出完善信息价值特别有用。

第五，结果分析。决策树的计算结果或者预期值，并不代表决策方案实施之后所取得的实际损益值，而仅仅是表示当假定所有预计都准确的话，这些条件结果之中有一个会在实际中出现的。虽然预期值高的备选方案，导致灾难性的结果较小，但这并不意味着绝对不可能发生。一旦发生，并不意味着原来的决策很糟，而仅仅意味着一种不幸的条件结果的出现。为了稳操胜券，管理者在重视补救方案选择的同时，还必须时时重视在决策实施过程中的追踪决策工作。

对于决策树所得的结果，应该经常分析它对条件结果预测和可能事件概率的敏感程度。有多种方法进行分析，其中有一种是故意让这些结果和概率偏离初步分析的最优方案，重新算出预期值。如果引进这种故意偏差之后，备选方案仍然是最合适的话，那么管理者的信心就会增加，就会认为自己确实找到了最优方案。如果引入这种故意偏差之后，备选方案的结果大为改变，就要多花一些时间和力量，扩大信息量和进一步完善信息，重新进行决策分析。

第六，决策树的优点。应用决策树分析方法的优点表现在：首先，迫使管理者整理自己的思想，详细列出备选方案和重要事件；其次，便于由其他人来检查决策程序和决策分析过程是否得当，也便于根据决策树来讨论管理人员提出的各种备选方案和假设。这种讨论会既可以由管理者自己主持，也可以委托他人或一个委员会来主持。

第七，决策树的缺点。同任何一种方法一样，决策树本身也存在不足。当问题过于复杂时，决策分枝增长得十分繁杂。特别是与时空并存的立体决策，或存在过多的不确定因素和备选方案时，决策树就很难厘清主次关系，尽管可以删去部分备选方案，使之简化，但如何删去决策树的多余部分，至今并无严格的规律可循，在相当大的程度上取决于个人的判断与直觉。由此，容易导致人为的偏差。因而，必须十分重视分析与直觉的良好结合。

3.非确定型决策方法

这种评价方法适用于人们对未来的认识程度低于上述两种情况。非确定型决策，是指决策者所要解决的问题有若干方案可供选择，但自然状态未知，状态概率也无法确定情况下的决策。如果人们只知道未来可能呈现出多种自然状态，但对其出现的概率，人们全然不知，那么在比较不同方案的经济效果时，就只能根据主观选择的一些原则来进行。由于信息不完全，所以带有很大的主观随意性。理想的选择常常取决于决策者的个人素质、态度和经验，有多种标准。

（1）悲观法则，也称小中取大法则

它是以最坏的结果出现为假设前提进行的决策。这种决策方法是从每个方案的各种自然状态下的损益值中找到最小值。这种决策方法是一种比较保守的决策方案。

（2）乐观法则，也称大中取大法

它是以最好的结果出现为假设前提进行的决策。这种决策方法是从每个方案的各种自然状态下的损益值中找到最大值，然后从中选择一个最大值。

（3）折中法则，是悲观法则和乐观法则的折中

首先根据经验判断，确定乐观系数 a（$0 \leqslant a \leqslant 1$），则悲观系数是 1-a，然后以乐观系数为权数计算每一方案的折中损益值，其中最大值对应的方案即为决策方案。

折中损益值＝a×（最大损益值）＋（1-a）×（最小损益值）

（4）后悔值法则，又称最小最大后悔值法则

所谓后悔值，是当决策人未采用最大收益方案时所受的机会损失，令人追悔莫及。它等于各种自然状态下的最大损益值减去各方案的损值后的余额。

（5）机会均等法则

这种法则以各种自然状态出现的概率均等的假设为前提，按均等概率计算出各方案的期望值。

第三章　农业生产资源及资金管理

第一节　农业自然资源与管理

一、农业自然资源概述

（一）农业自然资源的概念

农业自然资源是指存在于自然界之中，在一定的生产力水平和经济条件下，能够被人类利用于农业生产的各种物质、能量和环境条件的总称。农业自然资源由四个方面的内容构成：

1. 气候资源

即太阳辐射、降水、温度等气候因子的数量及其特定组合。其中，太阳辐射是农业自然再生产的主要能源，植物体的干物质有90%～95%需要利用太阳能通过光合作用合成。水既是合成有机物的原料，也是一切生命活动所必需的条件；而陆地上的水主要来自自然降水。温度是动植物生长发育的重要条件，在水分、肥料和光照都满足的情况下，在一定适温范围内，许多植物的生长速率与环境温度成正比。因此，气候资源在相当大的程度上决定农业生产的布局、结构以及产量的高低和品质的优劣。农业气候资源通常采用具有一定农业意义的气象（气候）要素值来表示。

2. 水资源

即可供农业生产和人类生活开发利用的含较低可溶性盐类而不含有毒物质的水分来源，通常指可以逐年得到更新的那部分淡水资源量。水资源是一种动态资源，包括地表水、土壤水和地下水，而以大气降水为基本补给来源。地表水指河川、湖泊、沟渠中积聚或流动的水，一般以常年的径流量或径流深度表示；土壤水指耕层土壤土粒的吸湿水和土壤毛管水；地下水指以各种形式存在于地壳岩石或土壤空隙中可供开发利用的水。水资源对农业生产具有两面性：它既是农业生产的重要条件，又是洪、涝、盐、渍等农业灾害的根源。

3. 土地资源

一般指能供养生物的陆地表层，包括内陆水域，但不包括海域。土地中除非农业用地外，还有一部分是难于利用或基本不能利用的沙质荒漠、戈壁、沙漠化土地、永久积雪和冰川、寒漠、石骨裸露山地、沼泽等。随着科学技术和经济的发展，有些难于利用的土地正在变得可以逐步用于农业生产。

农业土地资源按其用途和利用状况，可以概分为：①耕地，指耕种农作物的土地，包括水田、水浇地、旱地和菜地等。②园地，指连片种植、集约经营的多年生作物用地，如果园、桑园、茶园、橡胶园等。③林地，指生长林木的土地，包括森林或有林地、灌木林地、疏林地和疏林草地等。④草地，指生长草类可供放牧或刈割饲养牲畜的土地，不包括草田轮作的耕地。凡已经利用的草地（也称草场），按其不同的经营利用方式，可分为天然草地、改良草地、人工草地等。⑤内陆水域，指可供水产养殖、捕捞的河流、湖泊、水库、坑塘等淡水水面以及苇地等。⑥沿海滩涂，又称海涂或滩涂，是海边潮涨潮落的地方，位于大潮高低潮位之间，海岸地貌学上称为潮间带，是沿海可供水产养殖、围海造田、喜盐植物生长等的特殊自然资源。

4. 生物资源

即可作为农业生产经营对象的野生动物、植物和微生物的种类及群落类型，从广义上来说，人工培养的植物、动物和农业微生物品种、类型，也包括在生物资源的范畴之内。生物资源除用作育种原始材料的种质资源外，主要包括：①森林资源，指天然或人工营造的林木种类及蓄积量。②草地资源，指草地植被的群落类型及其生产力。③水产资源，指水域中蕴藏的各种经济动植物的种类及数量。④野生生物资源，指具有经济价值可供捕、捞或采、挖的兽类、鸟类、药用植物、食用菌类等。⑤珍稀生物资源，指具有科学、文化价值的珍稀动植物。⑥天敌资源，指有利于防治农业有害生物的益虫、益鸟、蛙、益兽和有益微生物等。

农业自然资源是人类赖以生存和发展的物质基础，根据农业自然资源的状况、特点和开发潜力，加以合理开发利用，对发展农业生产具有重要战略意义，也有利于保护人类生存环境和发展国民经济。

（二）农业自然资源的特征

农业自然资源作为农业生产必不可少的要素条件，与其他工农业生产要素相比，有其自身独有的一些特征。

1. 整体性

各种农业自然资源彼此之间相互联系、相互制约，形成统一的整体。如在一定的水、热条件下，形成一定的土壤和植被以及与此相适应的动植物和微生物群落。一种农业自然资源的变化，会引起其他自然资源甚至资源组合的相应变化，如原始森林一旦被破坏，就会引起气候变化、水土流失和生物群落的变化，成为另一类型的生态系统。

2. 地域性

由于地球与太阳的相对位置及其运动特点以及地球表面海陆分布的状况和地质地貌变化，导致地球上各个地区的水、热等条件各不相同，使农业自然资源具有明显的地域性特征。不同区域如南方和北方、东部和西部、沿海和内陆、平原和山区，农业自然资源的形成条件以至各种资源的性质、数量、质量和组合特征等都有很大差别；即使在一个比较小范围内，如在水田和旱地、平地和坡地、阳坡和阴坡以及不同的海拔高度之间，农业自然资源也会呈现不同的生态特点。从严格意义上来说，农业自然资源的分布，只有相似的而无相同的地区。

3. 可更新性

与各种矿产资源、化石能源随着人类的开发利用而逐渐减少的情况不同，农业自然资源一般具有可更新和可循环的特点，如土壤肥力的周期性恢复、生物体的不断死亡与繁衍、水资源的循环补给、气候条件的季节性变化等。这种更新和循环的过程会因为人类活动的干预和影响而加速，从而打破原来的生态平衡。这种干预和影响如果是合理的，就有可能在新的条件下，使农业自然资源继续保持周而复始、不断更新的良好状态，建立新的生态平衡；反之，则会形成恶性循环，破坏生态平衡。尤其是农业自然资源虽然绝大部分属于可更新的，但都相对比较稀缺，如果需求和消耗大于农业自然资源的更新再生能力时，就会出现供需的不平衡，导致农业自然资源的更新再生能力衰退，甚至逐渐枯竭。因此，应该珍惜和保护各种农业自然资源，提高综合利用率和产出效率，保持和提升农业自然资源的更新再生能力。

4. 可培育性

各种农业自然资源都是自然形成的，无法通过人类的生产活动来创造。人类虽然不能创造农业自然资源，却可以采取各种条件和技术措施，对农业自然资源进行培育和改良，在一定程度上改变农业自然资源的形态和性质。如通过施肥增加土壤肥力、兴建水利设施、培育优良的生物品种等，进一步发挥农业自然资源的生产潜力。

5. 有限性

地球上土地的面积、水资源的数量、到达地面的太阳辐射量等，在一定空间、一定时间内都有一定的数量限制。与此同时，人类利用农业自然资源的能力以及各种资源被利用的范围和途径，还受科学技术水平的制约。因此，在一定时期内可供开发利用的农业自然资源的规模、范围、层次、种类总是有限的。但随着科学技术的进步，人类对农业自然资源利用的深度和广度会不断扩大和延伸，同时保持农业自然资源的循环更新，使有限的资源能发挥其生产潜力。

6. 不可替代性

农业自然资源在农业生产中具有不可替代的作用，离开了土地、水资源、各种生物资源和一定的气候条件，农业生产无法进行下去。虽然随着科学技术的不断进步，一些农业自然资源可以由人工合成品来代替，但几乎所有替代品的原材料仍来源于各种农业自然资源或其衍生物，在本质上仍然属于农业自然资源；而且到目前为止，很多农业自然资源仍无法由人工产品来替代。在可预见的一段时期内，农业自然资源仍将是农业生产中不可或缺、无可替代的物质基础。

（三）农业自然资源的分类

农业自然资源种类繁多，根据不同的分类标准，可以将农业自然资源进行以下的分类：

1. 从环境科学角度，农业自然资源可分为原生性资源和次生性资源

原生性农业自然资源包括水资源和阳光、空气等气候资源，它们随着地球的形成和运动而生成并存在，属于非耗竭性资源。次生性农业自然资源是在地球演化过程中的特定阶段形成，其数量与质量都有限定性，具有一定的空间分布，属于可耗竭性资源，主要包括动物、植物、微生物等生物资源。土地资源具有原生性资源的特征，又在地球演化过程中发生变化，同时其肥力等又具有耗竭性，因此也具有次生性资源的特征。

2. 从经济学角度，农业自然资源可分为有偿使用资源和无偿使用资源

有偿使用资源是指在农业自然资源的使用过程中要付出一定的劳动或其他代价的资源，如土地资源的开垦、水利设施的兴建、动植物的饲养种植等。无偿使用资源是指无须付出任何代价就可以直接利用的资源，如阳光、空气、温度等气候资源。

3. 按可利用时间的长短，农业自然资源可分为可耗竭资源和不可耗竭资源

可耗竭资源是指随着人类的开发利用，其数量或质量会逐渐减少或下降的农业自然资源，如淡水、土壤、动物、植物、微生物等。这类可耗竭资源如果合理利用，保持其更新再生能力，也可以持续循环利用。不可耗竭资源是指那些用之不竭的资源，如阳光、空气、海水等。这类不可耗竭资源如果利用不当，也有可能导致其质量下降，影响继续利用，如空气、海水的污染等。

4. 从用途角度来看，农业自然资源可分为生产性资源和服务性资源

生产性资源是指用于生产过程，在农业生产中发挥作用的农业自然资源，如用于种植或放牧的土地、农业灌溉用水、供收获的植物、供食用或役用的动物等。服务性资源是指用于服务性产业的自然资源，如供观赏的动植物、用于生活服务土地、水、阳光等。

5. 从利用状况来看，农业自然资源可分为潜在资源和现实资源

潜在资源是指尚未开发利用的农业自然资源，如荒山、荒地、荒漠，尚未被发现和利用的动植物、未被利用的水资源和气候资源等。现实资源是指已经被开发利用并正在发挥效用的农业自然资源，如正在被开垦耕种的土地和已被利用的水资源、已经被发现和正在利用的动植物等。

二、农业自然资源的开发利用

（一）农业自然资源开发利用的内涵与原则

1. 农业自然资源开发利用的含义

农业自然资源的开发利用是指对各种农业自然资源进行合理开发、利用、保护、治理和管理，以达到最大综合利用效果的行为活动。农业自然资源是形成农产品和农业生产力

的基本组成部分，也是发展农业生产、创造社会财富的要素和源泉。因此，充分合理地开发和利用农业自然资源，是保护人类生存环境、改善人类生活条件的需要，也是农业扩大再生产最重要的途径，是一个综合性和基础性的农业投入和经营的过程，是一个涉及面非常广泛的系统工程。

2. 农业自然资源开发利用的内容

（1）土地资源的开发利用

土地资源对农业生产有着极其重要的特殊意义，现有大多数农业生产是以土地肥力为基础的，因而土地资源是农业自然资源最重要的组成部分，对土地资源的合理开发利用是农业自然资源开发利用的核心。对土地资源的开发利用包括耕地开发利用和非耕地的开发利用两个方面。

（2）气候资源的开发利用

气候资源的开发利用包括对光、热、水、气等四大自然要素为主的气候资源的合理利用。当前的农业生产仍离不开对气候条件的依赖，特别是在农业投入低下、土地等其他资源相对短缺的条件下，更应该充分利用太阳能、培育优良新品种、改革耕作制度，提高种植业对光能的利用效率，加强对气候资源的充分合理利用。

（3）水资源的开发利用

水资源主要包括地表水和地下水等淡水资源，是农业生产中的重要因素，尤其是各种生物资源生存生长的必备条件。对水资源进行合理的开发利用，关键是要开源节流，协调需水量与供水量，估算不同时期、不同区域的需水量、缺水量和缺水程度，安排好灌排规划并组织实施。

（4）生物资源的开发利用

生物资源包括森林、草原、野生动植物和各种物种资源等，是大多数农产品的直接来源，也是农业生产的主要手段和目标。对生物资源的开发利用，应该在合理利用现存储量的同时，注意加强保护，使生物资源能够较快地增殖、繁衍，以保证增加储量，实现永续利用。

3. 农业自然资源开发利用的原则

在农业自然资源的开发利用过程中应遵循以下原则：

（1）经济效益、社会效益和生态效益相结合的原则

农业自然资源被开发利用的过程，也是整个经济系统、社会系统和生态系统相结合的过程。因此在开发利用农业自然资源的过程中，既要注重比较直观的经济效益，更要考虑社会效益和生态效益，协调三者之间的关系，从而做到当前利益与长远利益相结合，局部利益和整体利益相结合。

（2）合理开发、充分利用与保护相结合的原则

合理开发、充分利用农业自然资源是为了发展农业生产，保护农业自然资源是为了更好地利用和永续利用，两者之间并没有根本的对立。人类对自然界中的各种资源开发利用

的过程中，必须遵循客观规律，各种农业自然资源的开发利用都有一个量的问题，超过一定的量度就会破坏自然资源利用与再生增殖及补给之间的平衡关系，进而破坏生态平衡，造成环境恶化。如对森林的乱砍滥伐、草原超载放牧、水面过度捕捞等，都会使农业自然资源遭到破坏，资源量锐减，出现资源短缺乃至枯竭，导致生态平衡的失调，引起自然灾害增加，农业生产系统产出量下降。因此，在开发利用农业自然资源的同时，要注重对农业自然资源的保护，用养结合。

（3）合理投入和适度、节约利用的原则

对农业自然资源的合理投入和适度、节约利用，是生态平衡及生态系统进化的客观要求。整个农业自然资源是一个大的生态系统，各种资源本身及其相互之间都有一定的结构，保持着物质循环和能量转换的生态平衡。要保持农业自然资源的合理结构，就要使各种资源的构成及其比例适当，确定资源投入和输出的最适量及资源更新临界点的数量界限，保证自然资源生态系统的平衡和良性进化。

（4）多目标开发、综合利用的原则

这是由农业自然资源自身的特性所决定的，也是现代农业生产中开发利用自然资源的必然途径。现代化农业生产水平的高度发达，使得农业自然资源的多目标开发、综合利用在技术上具有可行性。为此要进行全面、合理的规划，从国民经济总体利益出发，依法有计划、有组织地进行多目标开发与综合利用，坚决杜绝滥采、滥捕、滥伐，以期获得最大的经济效益、社会效益和生态效益。

（5）因地制宜的原则

因地制宜就是根据不同地区农业自然资源的性质和特点，即农业自然资源的生态特性和地域特征，结合社会经济条件评价其对农业生产的有利因素和不利因素，分析研究其利用方向，发挥地区优势，扬长避短、趋利避害，把丰富多样的农业自然资源转换成为现实生产力，促进经济发展。

三、农业自然资源的开发利用管理

农业自然资源的开发利用管理，就是要采用经济、法律、行政及技术手段，对人们开发利用农业自然资源的行为进行指导、调整、控制与监督。

（一）合理开发利用农业自然资源的意义

1. 合理开发和利用农业自然资源是农业现代化的必由之路

农业自然资源是农产品的主要来源和农业生产力的重要组成部分，也是提高农业产量和增加社会财富的重要因素。在社会发展时期，受生产力发展水平的影响，农业自然资源的开发和利用也受到相应的制约。在社会生产力较低时，人们对农业自然资源是被动有限地利用，不可能做到合理开发利用；随着社会生产力的提高，特别是随着现代科学技术的应用，人们已经能够在很大程度上合理地开发利用农业自然资源来发展农业生产，不断提高农业的集约化经营水平和综合生产能力。我国目前面临着农业自然资源供给有限和需求增长的矛盾，而充分挖掘和合理开发利用农业自然资源，提高农业劳动生产效率，创造较高的农业生产水平，是解决这一矛盾的主要手段，也是实现我国农业现代化的必由之路。

2.合理开发和利用农业自然资源是解决人口增长与人均资源不断减少这一矛盾的途径之一

当前世界各国都不同程度地存在着人均资源日益减少、相对稀缺的问题，我国的这一矛盾更为突出。人口与自然资源的平衡早已打破，人均资源量处于较低水平，且仍在下降。针对这一问题，除了继续控制人口的增长之外，合理地开发利用农业自然资源，提高农业自然资源的单位产出效率，使有限的农业自然资源得到最大的利用，是解决这一矛盾最有效的途径。

3.合理开发和利用农业自然资源是保护资源、改善生态环境的客观要求

农业自然资源的开发利用不合理，会导致资源的浪费和衰退。同时，工业"三废"的大量排放和农业生产过程中化肥农药的过量使用，以及对农业自然资源的掠夺式开发利用等，还会使生态环境受到严重的污染和破坏，既影响了农作物的生长和农业生产的发展，也危及人类和动物的健康。因此，在农业自然资源的开发利用过程中，不能只看眼前的、局部的利益，而应该做长远的、全面的考虑，把发展农业生产和保护资源、维护生态环境结合起来。只有对农业自然资源加以合理开发利用，形成农业生产和环境保护的良性循环，才能实现这一目标。

（二）农业自然资源开发利用管理的目标

1.总体目标

农业自然资源的开发利用管理，总体目标是保障国家的持续发展，这一总体目标也规定了农业自然资源开发利用管理的近期目标和长远目标。其中，近期目标是通过合理开发和有效利用各种农业自然资源，满足我国当前的经济和社会发展对农产品的物质需求。长远目标则是在开发和利用农业自然资源的同时，保护农业自然资源生态系统，或者在一定程度上改善这一系统，以保证对农业自然资源的持续利用。

2.环境目标

自然资源的开发利用是影响环境质量的根本原因，而农业自然资源所包括的土地、气候、水和生物资源是人类赖以生存的自然资源的基本组成要素，因此加强对农业自然资源开发利用的管理，如控制土地资源开发所造成的土地污染、水资源开发中的水环境控制等，就是农业自然资源开发利用管理的环境目标。

3.防灾、减灾目标

这里的灾害是指对农业生产活动造成严重损失的水灾、旱灾、雪灾等自然灾害。在农业自然资源开发利用过程中，通过加强对自然灾害的预测、监测和防治等方面的管理，可以使自然灾害造成的损失减少到最低程度，对于人类开发利用农业自然资源所可能诱发的

灾害，应当在农业自然资源开发利用的项目评价中予以明确，并提出有效的防治措施。

4.组织目标

国家对农业自然资源开发利用的管理是通过各层次的资源管理行政组织实现的，国家级农业资源管理机构的自身建设和对下级管理机构的有效管理是实现农业自然资源开发利用管理目标的组织保证。同时，保证资源管理职能有效实施的资源管理执法组织的建设和健全也是农业自然资源管理组织目标的重要内容。另外，农业自然资源开发利用管理的组织目标还包括各类农业自然资源管理机构之间的有效协调。

（三）农业自然资源开发利用管理的政策措施

1.建立合理高效的农业生态系统结构

农业生态系统结构的合理与否直接影响着农业自然资源的利用效率，土地资源、气候资源、水资源以及生物资源能否得到合理的开发利用与农业生态系统结构密切相关。因此，加强农业自然资源开发利用管理的首要任务是要建立起有利于农业自然资源合理配置与高效利用，有利于促进农、林、牧、渔良性循环与协调发展，有利于改善农业生态平衡，有利于提高农业经济效益、社会效益和生态效益的农业生态系统结构。

2.优化农业自然资源的开发利用方式

优化农业自然资源的开发利用方式，推行循环利用农业自然资源的技术路线和集约型发展方式，改变目前粗放型的农业自然资源开发利用方式，是加强农业自然资源管理、提高资源利用效率的根本途径。具体而言，就是要把节地、节水、节能列为重大国策，制定有利于节约资源的产业政策，刺激经济由资源密集型结构向知识密集型结构转变，逐渐消除变相鼓励资源消耗的经济政策，把资源利用效率作为制订计划、投资决策的重要准则和指标，对关系国计民生的农业自然资源建立特殊的保护制度等。

3.建立完善农业自然资源的产权制度，培育农业自然资源市场体系

农业自然资源是重要的生产要素，树立农业自然资源的资产观念，建立和完善资产管理制度，强化和明确农业自然资源所有权，实现农业自然资源的有偿占有和使用，是改善农业自然资源开发利用和实现可持续发展的保证。在建立和完善农业自然资源产权制度的过程中，要逐步调整行政性农业自然资源配置体系，理顺农业自然资源及其产品价格，培育市场体系，消除农业自然资源开发利用过度的经济根源，有效抑制乃至消除滥用和浪费资源的不良现象。

4.建立农业自然资源核算制度，制订农业自然资源开发利用规划

农业自然资源核算是指对农业自然资源的存量、流量以及农业自然资源的财富价值进行科学的计量，将其纳入国民经济核算体系，要正确地计量国民总财富、经济总产值及其增长情况以及农业自然资源的消长对经济发展的影响。通过对农业自然资源进行核算，并根据全国农业自然资源的总量及其在时间和空间上的分布以及各地区的科学技术水平、资源利用的能力和效率，制订合理有效的农业自然资源开发利用规划，实现各地区资源禀赋

和开发利用的优势互补、协同发展，获得全局的最大效益。

5. 发展农业自然资源产业，补偿农业自然资源消耗

我国在农业自然资源开发利用方面，普遍存在积累投入过低、补偿不足的问题，导致农业自然资源增殖缓慢、供给不足。为了增加农业自然资源的供给，必须发展从事农业自然资源再生产的行业，逐步建立正常的农业自然资源生产增殖和更新积累的经济补偿机制，并把农业自然资源再生产纳入国民经济发展规划。

农业自然资源是指存在于自然界之中，在一定的生产力水平和经济条件下，能够被人类利用于农业生产的各种物质、能量和环境条件的总称。农业自然资源具有整体性、地域性、可更新性、可培育性、有限性、不可替代性等特征。根据不同的分类标准，可以对农业自然资源进行分类。

第二节 农业劳动力资源与管理

一、农业劳动力资源概述

农业劳动力资源是农业生产的主体，研究农业劳动力资源管理，要从其概念和特点出发，探索进行有效管理和合理利用的途径。

（一）农业劳动力资源的内涵

1. 农业劳动力资源的概念

农业劳动力资源是指能够直接或间接参加和从事农业生产劳动的劳动力数量和质量的总和。我国规定，农村中男性 16 ～ 59 岁、女性 16 ～ 54 岁，具有正常的生产劳动能力的人为农业劳动力。但从我国农业生产的实际情况来看，许多从事农业生产劳动的农民已经超过了这个年龄范围，因此应该从农业生产的实际情况出发来界定其范围。农业劳动力资源包括数量和质量两个方面。

2. 农业劳动力资源的数量

农业劳动力资源的数量是指农村中已经达到劳动年龄和虽未达到或已经超过劳动年龄但仍实际参加农业生产劳动的人数。农业劳动力资源的数量主要由两个基本因素决定，即自然因素和社会因素。其中，自然因素由自然规律决定，包括农业人口的自然增长率、达到或超过劳动年龄的人数以及原有劳动力的自然减员，是引起劳动力资源数量变动的主要因素。社会因素主要包括经济社会发展程度、国家所采取的人口政策与措施、劳动力资源在各产业部分的分配比例以及农村福利政策和妇女的解放程度等。

3. 农业劳动力资源的质量

农业劳动力资源的质量是指劳动者的身体素质和智力水平，其中前者主要指劳动者的

体力强弱，后者包括劳动者的科学文化水平、劳动技术水平、生产熟练程度等因素。农业劳动力资源的质量变化，主要受农村教育发展和智力开发、农村医疗卫生条件以及农业现代化水平等因素的影响。在传统农业生产条件下，农业劳动者身体素质是衡量农业劳动力资源质量的主要因素。随着农业生产力的发展，农业生产转向以机械操作为主，农业科技推广应用迅速发展，科技水平不断提高，农业劳动者智力水平逐渐成为衡量农业劳动力资源质量的重要指标。

（二）农业劳动力资源的特征

劳动力资源是农业生产的重要资源之一，与土地资源、水资源等农业自然资源和农业生产资金相比，它具有以下特征：

1. 农业劳动力资源的可再生性

由于人类的繁衍、进化，劳动力资源在人类的新老生死交替中不断得到补充，使人类改造自然的活动不断延续下去。因此，从整体上看，农业劳动力资源是一种永续性资源，只要使用得当，可以不断地得到恢复和补充。这一特点决定了农业劳动力资源开发的连续性，一代人改造自然的过程直接影响着下一代人甚至几代人改造自然的过程和结果。这就要求在开发和利用劳动力资源的过程中，必须有长远的统筹安排，把提高农业劳动力资源的整体素质和发展农业生产力紧密结合在一起，保证农业再生产顺利进行。

2. 农业劳动力资源需求的季节性

农业生产受自然条件的影响较大，有明显的季节性，导致农业劳动力资源需求的季节性差异十分明显。不同季节的农业劳动项目、劳动量、劳动紧张程度存在很大差异，农忙时需要大量的劳动力，农闲时则会出现劳动力的相对过剩和闲置。而劳动力资源的服务能力（即劳动能力）无法储藏，在某一时期不予以利用，就会自行消失，不能存储待用。这就要求农业生产实行专业化生产和多种经营相结合，对农业劳动力资源合理安排、有效利用。

3. 劳动力素质的差异性

劳动力素质的差异性主要表现为农业劳动者的健康状况、文化知识水平和劳动技术熟练程度等方面的内在差异，它是由社会经济条件和劳动者的主观能动性所决定的。农业劳动者素质水平的高低，不仅影响到农业生产工作完成的质量与效率，而且还会影响农业生产中某些复杂工种的执行能力。农业劳动者素质的提高，需要有发达的社会经济条件作为物质基础。

4. 农业劳动力资源的主体能动性

农业劳动力资源的主体能动性，是由人类本身的特性决定的。劳动者具有意识，并能够利用这种意识去影响客观世界，改变人类改造世界的进程，这种主体能动性是人类社会进化和发展的动力。同样，农业劳动力资源对推动农业生产力的发展起着决定性的作用，农业生产中其他资源的开发利用的状况，在很大程度上取决于农业劳动力资源的开发状况。

因此，在开发利用农业劳动力资源的过程中，必须充分发挥劳动者的特长，使其主体能动性得到充分发挥。

5. 农业劳动力资源构成要素的两重性

农业劳动力资源作为农业生产的主体，一方面，作为农业生产中具有决定意义的要素，开发利用得当可以迸发出无限的创造力，通过农业劳动创造社会财富；另一方面，劳动者又是消费者，需要不断地消耗资源，消费社会财富。因此，如果农业劳动力资源得不到合理利用、不能与农业生产资料有效结合，不仅其创造力得不到发挥，而且会成为经济增长的负担，甚至会成为社会的不稳定因素，影响社会的安宁。

（三）农业劳动力资源的供给与需求

我国农业劳动力资源数量规模大、增长速度快，同时耕地面积逐年减少，人多地少的矛盾十分尖锐。因此，研究农业劳动力资源的供给与需求的特点、影响因素等，对于有效解决农业劳动力供求矛盾具有重要意义。

1. 农业劳动力资源的供给

（1）农业劳动力资源供给的含义

农业劳动力资源的供给是指在一定时期内，在一定农业劳动报酬水平下，可能提供的农业劳动力数量。现阶段，我国农业劳动力资源的供给数量包括已经从事农业生产的劳动力和可能从事农业生产的剩余劳动力。

（2）农业劳动力资源供给的特征

①农业劳动力资源供给的无限性。农业劳动力资源供给的无限性是指与农业劳动力需求相比，农业劳动力的供给处于绝对过剩状态。由于我国经济发展水平比较落后，人口再生产失控，农业人口总量大，从而造成农业劳动力资源的供给持续上升，形成无限供给的趋势。这种趋势是我国社会主义初级阶段农业市场经济发展的一个基本特征。

②农业劳动力资源供给的伸缩性。农业劳动力资源供给的伸缩性是指农业劳动力的供给数量受农产品价格等因素影响呈现的增减变化。主要表现是，当某种农产品价格高时，从事该农产品生产的劳动力迅速增加；反之，当某种农产品价格低时，从事该农产品生产的劳动力迅速减少；由此导致农业劳动力资源的供给数量增减变化的幅度较大。这种伸缩性是农业劳动力资源供给的一个重要特征，它一方面自发调节了农业劳动力资源的分配；另一方面也导致农业生产的不稳定，造成农业劳动的浪费。

（3）影响农业劳动力资源供给的因素

①人口自然增长率。人口的自然增长率是影响农业劳动力数量的重要因素，它直接影响了农业劳动力资源的供给。我国的人口自然增长率一直较高，加之人口基数大，人口的增长速度很快，城乡处于劳动年龄的人口就业形势严峻，这是造成我国农业劳动力资源供大于求、相对过剩的重要原因。因此，有计划地控制人口规模，适度降低人口自然增长率仍是我国解决农业劳动力资源供求矛盾的关键。

②农业劳动报酬。在一定时期内，农业劳动力资源的供给数量是农业劳动报酬的递增函数，农业劳动报酬的高低直接影响着农业劳动力供给的数量，在我国实行家庭联产承包责任制之后，农业生产的分配形式发生了变化，农业劳动报酬主要体现为农民出售农产品的收入。因而，农产品的销售价格就成为影响农业劳动力供给的主要因素，当某种农产品销售价格高、生产者获利大，大量农业劳动力就会转入该生产领域，反之则会有很多农业劳动力退出该生产领域。我国农业劳动力资源规模数量较大，人均耕地面积较少，农业劳动力的绝对剩余和季节性剩余的数量较多，这些农业劳动力随时准备进入农业生产领域。同时，我国农业生产效益相对较低，农民迫切要求开拓生产领域，提高收入水平。因此，利用宏观价格杠杆，以提高农业劳动报酬为导向，能够使农业生产向合理高效方向转化，促进农业劳动力资源的合理利用。

③农民的价值观。农民的价值观对农业劳动力资源供给的影响，主要表现在农民对收入的偏好，由于我国农业生产力水平较低，农民整体收入水平不高，因而大部分地区的农民把辛勤劳动、增加收入作为价值观主要内容。这是包括我国在内的发展中国家的共有现象，能够在很大程度上促进农民积极参加农业生产，增加农业劳动力资源供给。随着社会发展和经济水平的提高，农民的价值观也必然会随之发生变化，对农业劳动力资源的供给产生影响。因此，研究农民价值观的变化，对于合理利用农业劳动力资源也有一定意义。

除以上因素之外，随着我国进一步对外开放和融入世界经济，国际资源和国际市场的变化也会引起农业劳动力资源的供给和结构发生变化。

2. 农业劳动力资源的需求

（1）农业劳动力资源需求的含义

农业劳动力资源需求是指在一定时期内，在一定的农业劳动报酬水平下，农业生产需要的劳动力数量。它是在现有农业自然资源状况和生产力水平的条件下，为了保证经济发展和社会对农产品日益增长的需求，整个社会对农业劳动力资源数量和质量的整体需求。

（2）农业劳动力资源需求的特征

①农业劳动力资源需求的季节性。农业劳动力资源的需求受农业生产的季节性影响，需求数量呈明显的季节性变化。在农忙季节，农业劳动力需求数量很大，常常造成农业劳动力的不足；而农闲季节，对农业劳动力需求的数量较小，又常常会形成季节性的农业劳动力剩余。因此，研究农业劳动力资源需求的季节性，对于合理利用农业劳动力，保证农业生产的顺利进行，具有重要意义。

②农业劳动力资源需求数量的递减性。农业劳动力资源需求的递减性是指随着农业生产力的发展，农业劳动力需求数量会逐渐下降。造成这种现象的原因主要有两个：一方面，农业生产可利用的自然资源数量有一定限制，可容纳的农业劳动力数量有限；另一方面，农业是生产人类消费必需品的部门，对每一个消费者来说，这类消费必需品的需求数量是随着人们生活水平的提高而逐渐下降的。另外，我国农业生产力水平较低，农业生产主要依靠大量的劳动力投入，随着我国农业生产力水平的提高，农业生产将更多地需要资金和

技术投入，对农业劳动力的需求也会逐渐减少。因此，农业劳动力需求总体上呈下降趋势，这是世界农业发展过程中的普遍趋势，也是农业生产发展的客观规律。

（3）影响农业劳动力资源需求的因素

①土地资源条件。土地资源是农业生产的主要自然资源，其数量直接影响农业生产对劳动力的容纳程度，是影响农业劳动力需求的主要因素。从农业生产发展的进程来看，随着农业生产力的提高，土地资源对农业劳动力的容纳数量逐渐下降。尤其是我国这样人多地少的国家，农业上可开发的土地资源数量有限，容纳和增加农业劳动力需求的潜力较小。同时应该看到，我国很多地区农业土地经营粗放，土地生产率较低，要改变这一状况，需要加强农业基本建设，实行精耕细作，合理增加单位面积土地的农业劳动力投入，提高土地资源的生产率，这样就会增加对农业劳动力资源的需求。

②农业耕作制度。我国农业生产的地域差异较大，各地区的耕作制度也各不相同，而不同的耕作制度直接影响着农业劳动力的需求水平。对此，需要建立合理的农业耕作制度，适当增加土地复种指数，实行轮作制，特别是合理安排果蔬、园艺等劳动力密集型农产品的生产，增加对农业劳动力的需求。同时，建立合理的农业耕作制度客观上要求开展农业基础设施建设，增加长期性的农业劳动投入，这是增加农业劳动力需求、有效利用农业劳动力资源的重要途径。

③农业多种经营水平。广义上的农业生产包括传统的农业种植业和林、牧、副、渔等行业，除了农业种植业之外，农业中的其他各行业也对农业劳动力资源有很大的需求。因此，充分利用农业土地资源多样性的特点，合理开发山地、草原、水面等农业自然资源，实行多种经营，既可以提高农民收入、增加农业产出，同时还可以增加对大农业中林、牧、副、渔等各业的农业劳动力投入，这对于提高农业生产力，促进农业劳动力的内部消化、合理利用农业劳动力资源具有十分重要的意义。

④农业生产项目。广义的农业是一个农林牧副渔各业全面发展、农工商综合经营的宏大部门，要求农业及与农业有关的各种生产项目协调发展。农业生产项目多，可以拓宽农民就业门路，增加对农业劳动力的需求数量。从我国农业的发展趋势来看，在农村大力发展乡镇企业，开拓新的农业生产项目，促进农业劳动力的转移，是我国农业发展的必然方向，也是增加农业劳动力资源需求的重要途径。

⑤农业机械化水平。农业机械化水平和农业劳动力资源的需求之间成反比关系，一国（或地区）的农业机械化水平越高，对农业劳动力的需求数量越少。因此，实现农业机械化的过程，也是农业劳动力需求逐渐下降的过程。我国农业劳动力资源丰富，人均耕地资源比较少，不可避免地会与农业机械化产生一些矛盾。因此，在我国实现农业机械化的过程中，要结合农村实际情况和农业生产需要，因地制宜，不能急于求成。要把实现农业机械化的过程与农业劳动力转移紧密结合起来，合理利用农业劳动力资源，调动农民的生产积极性，促进农业生产的发展。

二、农业劳动力资源开发与利用

我国是一个农业大国，也是一个人口大国，合理开发和利用农业劳动力资源，提高我国农业生产的效率和质量，对于我国经济和社会发展有极其重要的意义。为此，需要对农业劳动力资源的利用进行评价，据以加强对农业劳动力资源的开发和利用管理。

（一）农业劳动力资源的开发

1. 农业劳动力资源开发的含义

农业劳动力资源开发，指的是为充分、合理、科学地发挥农业劳动力资源对农业和农村经济发展的积极作用，对农业劳动力资源进行的数量控制、素质提高、资源配置等一系列活动相结合的有机整体。农业劳动力资源的开发包括数量开发和质量开发两个层次的含义。

农业劳动力资源的数量开发，是指用于农业劳动力资源控制而展开的各项经济活动及由此产生的耗费。不同类型的国家或地区的农业劳动力资源数量控制的目标也各不相同，既有为增加农业劳动力资源数量进行努力而付出费用的，也包括为减少农业劳动力资源数量而做出各种努力的。前者通常存在于经济高度发达，人口老龄化尤其是农村人口老龄化的国家；后者则存在于大量农业劳动力过剩的发展中国家。

农业劳动力资源的质量开发，一般是指为了提高农业劳动力资源的质量和利用效率而付出的费用，包括用于农业劳动力资源的教育、培训、医疗保健和就业等方面的费用。目前，我国的农业劳动力资源开发主要是指对农业劳动力资源的质量开发，尤其是对农业劳动力在智力和技能方面的开发。

2. 农业劳动力资源开发的意义

随着农业现代化的发展，农业生产对科学技术人才和科学管理人才的需求越来越大，因而开发农业劳动力资源质量，提高农业劳动者的素质显得越来越重要。其重要意义主要体现在以下几个方面：

（1）农业现代化要求农业劳动力有较高的素质

在国外一些实现了农业现代化的国家中，农业有机构成与工业有机构成之间的差距在逐步缩小，甚至出现了农业有机构成高于工业有机构成的情况，因而对农业劳动力资源数量的要求越来越少，对农业劳动力资源质量的要求却越来越高。这就要求提高农业劳动者的科学文化水平和专业技能，以便在农业生产中掌握新设备和新农艺。

（2）科技投入在农业生产中的重要性日益提高，对农业劳动力素质提出更高的要求

农业生产的发展规律表明，农产品增产到一定程度后，再要提高产量、提高投入产出的经济效益，就不能只靠原有技术，而是要靠采用新的科技手段。因此，要繁育农业新品种，改革耕作及饲养方法，提高控制生物与外界环境的能力，就必须对农业劳动力资源进行开发，以利于将现有农业生产力各个要素进行合理组合，选择最佳方案。

（3）农业生产模式的变革要求农业劳动力掌握更多的知识和技能

农业生产正在由自然经济向商品经济转变，并逐步走向专业化、社会化的过程中，需要掌握市场信息，加强农产品生产、交换和消费各个环节的相互配合，没有科学文化、缺乏经营能力是做不到的，这客观上要求对农业劳动者进行教育培训，提高他们的科学文化水平和经营管理能力。

3. 农业劳动力资源开发的基本对策

（1）着眼"三农"问题的解决，加强对农业劳动力资源开发的组织领导与管理协调

随着农村工业化、城镇化进程的加快，我国的农民正在发生着职业分化，有着更多的发展要求和发展空间。除一部分农民继续留在农村务农之外，大部分农民正由农业向城镇非农产业流动，由传统农民向现代产业工人转化。但由于转移的大多数农民不具备非农就业所必需的知识、技能和素质，客观上要求加大对农村人力资源的开发力度，以此提高农民的科技文化素质。为此，必须做好组织领导和管理协调方面的工作，建议成立由中央有关部门牵头的专门领导小组，作为农民教育培训的领导、协调机构；增加农村职业教育和成人教育的经费投入，把农村职业教育和农民培训工作列入地方政府的任期目标和考核内容；下大力气实施农民培训工程，用 5 ~ 10 年时间对 16 ~ 45 岁的农业劳动力群体进行一次全面的技能轮训；继续坚持农村"三教统筹"和"农科教结合"，并进一步探索在新形势下的实现方式。

（2）加快体制创新，积极构建政府主导、面向市场、多元投资的农民教育培训体系

农民教育培训作为一项面广量大的系统工程，理应得到各级政府、各相关部门乃至全社会的共同关注和积极支持。政府部门作为教育的实施主体，应当从促进教育公平，关心弱势群体，构建和谐社会的战略高度出发，充分认识加强农民教育培训的重要性。在解决农民教育培训资金经费的问题上，各级政府应处于主导地位，同时也必须广开渠道，实行投资主体的多元化。与此同时，还要加快体制创新，完善培训体系，尽快建立与现代农业和农村经济发展相适应，以农民科技教育培训中心为骨干、以中高等农业院校、科研院所和技术推广机构为依托，以企业和民间科技服务组织为补充，以乡镇培训基地为基础的功能强大、手段先进、运转灵活的开放型、协同型的农民教育培训体系，按照新农村建设的要求，卓有成效地开展对农民的教育培训。

（3）在普及义务教育的基础上大力发展农村职业教育，重视技能型、应用型人才的培养

农村要把普及九年制义务教育作为当前劳动力资源开发的基础工程，在此基础上大力发展农村职业教育，加速培养留得住、用得上的技能型、应用型人才，这是符合我国农村实际的明智之举，也是在目前教育经费不足的情况下低成本、高效率开发农业劳动力资源，解决农村人才瓶颈的有效措施。因此，要立足农村经济社会发展、农民脱贫致富的实际需要，有针对性地进行农业劳动力资源的开发，并通过实施助学贷款、创业扶持计划，对报考农业职业学校的农村青年或毕业后愿意扎根农村创业发展的毕业生给予适当的资金支持

和相应的政策优待，以鼓励引导农村初中毕业生选择职业教育。农村职业教育的专业设置、课程体系、教学模式要有针对性，要立足学生生存本领、职业技能和致富能力的培养，通过与企业积极"联姻"，了解用人单位的需求，按照就业岗位所需要的人才规格和能力素质进行订单培养，防止教育资源的浪费。

（二）农业劳动力资源的利用管理

为了充分合理地利用农业劳动力资源，需要积极促进农民的充分就业，提高农业劳动力的使用效率和经济效益，主要是提高农业劳动力资源的利用率和农业劳动生产率两个指标。

1.发展农业集约化和产业化经营，提高农业劳动力资源的利用率

我国的农业劳动力资源十分充裕，而农业自然资源尤其是土地资源相对稀缺，同时对农业的资金投入不足，导致农业劳动力资源大量闲置，农业劳动力资源的利用率较低。从当前我国农业生产的情况来看，要提高我国农业劳动力利用率，主要应该依靠农业的集约化经营，增加农业生产对农业劳动力的吸纳能力。具体途径主要有以下几点：

①增加对农业的资金和其他要素投入，加强农业基础设施建设，为农业生产创造更好的物质条件。同时改变原有单纯依靠增加要素投入量的粗放型农业生产经营模式，促进农业劳动力资源和农业生产资料的更好结合，通过实现农业生产的集约化经营来增加农业生产的用工量，使农业劳动力资源得到充分利用。

②发挥资源优势，依靠农业科技，加快发展农业产业化经营，增加农业生产的经营项目，拉长农业生产的产业链条，吸纳农业劳动力就业。尤其是要发展劳动密集型农产品的生产，创造更多的农业就业岗位，使农业劳动者有更多的就业选择空间，增加对农业劳动力的使用。

③合理安排农业劳动力的使用，组织好农业劳动协作与分工，尽量做到农业劳动力资源与各类需求量的大体平衡。要根据各项农业生产劳动任务的要求，考虑农业劳动者的性别、年龄、体力、技术等情况，合理使用农业劳动力资源，做到各尽所能、人尽其才，充分发挥劳动者特长，提高劳动效率。另外，要尊重农业劳动者的主人翁地位，充分发挥他们在农业生产中的主动性、积极性和创造性。

④对农业剩余劳动力进行有效转移，合理组织劳务输出。一方面，发展农村非农产业，实现农业剩余劳动力的就地转移，同时把农业剩余劳动力转移与城镇化发展结合起来，积极推动农业剩余劳动力向城市转移；另一方面，积极推动农业剩余劳动力的对外输出，利用国际市场合理消化国内农业剩余劳动力，这也是我国解决农业劳动力供求矛盾，提高农业劳动力资源利用率的一个重要途径。

2.促进农业现代化，提高农业劳动生产率

充分合理地利用农业劳动力资源，还要提高对农业劳动力的使用效率，增加农业生产中劳动力资源投入的产出，即提高农业劳动生产率。影响农业劳动生产率的因素主要包括

生产技术因素，即农业现代化水平，以及自然因素和社会因素。这些影响因素决定了提高农业劳动生产率主要有以下途径：

（1）充分合理地利用自然条件

所谓自然条件，是指地质状况、资源分布、气候条件、土壤条件等影响农业劳动生产率的重要因素。自然条件对农业生产有至关重要的影响，由于自然条件不同，适宜发展的农业生产项目也不同。以种植业为例，同一农作物在不同的自然条件下，投入等量的劳动会有不同的产出，也就是会有不同的劳动生产率。因此，因地制宜地配置农业生产要素，利用自然条件，发挥区域优势，投入同样的农业劳动力就可以获得更多的农产品，提高农业劳动的自然生产率，实现对农业劳动力资源的优化利用。

（2）提高农业劳动者的科技文化水平和技术熟练程度

劳动者的平均技术熟练程度是劳动生产率诸多因素中的首要因素，在农业生产中也同样如此。由于农业生产中的生产力提高和科技进步是以新的劳动工具、新的劳动对象、新的能源和新的生产技术方法等形式进入农业物质生产领域的，因而要求农业劳动者具备较高的科技文化水平、丰富的生产经验和先进的农业劳动技能。另外，农业劳动者技术熟练程度越高，农业劳动生产率也就越高。为了提高农业劳动者的科技文化水平和技术熟练程度，必须大力发展对农业和农村的文化教育事业、科学研究事业以及推广工作。

（3）提高农业经济管理水平，合理组织农业生产劳动

要按照自然规律和经济规律的要求，加强农业经济管理，提高农业经济管理水平，使农业生产中的各种自然资源、生产工具和农业劳动力资源在现有条件下得到最有效的组合和最节约的使用，从而达到增加农产品产量、节约农业活劳动和物化劳动的目的，这对于提高农业劳动生产率、合理有效利用农业劳动力资源具有重要作用。

（4）改善农业生产条件，提高农业劳动者的物质技术装备水平

农业劳动者的物质技术装备水平是衡量一个国家农业生产力发展水平的重要标志，也是提高农业劳动生产率最重要的物质条件。农业劳动者的技术装备水平越高，农业劳动的生产效能也就越高，而要提高农业劳动者的技术装备水平，就要发展农业科技。只有农业科学技术不断发展，才能不断革新农业生产工具，不断扩大农业劳动对象的范围和数量，从而有效提高农业劳动生产率。

第三节　农业资金与管理

一、农业资金概述

农业资金的数量及其运营状况直接影响着农业生产的发展水平，了解农业资金运动的特点和分类，掌握农业资金运动的规律，对合理利用农业资金、提高农业资金的利用效率具有十分重要的意义。

（一）农业资金的概念

农业资金有广义和狭义两个层面的含义。广义的农业资金是指国家、个人或社会其他部门投入农业领域的各种货币资金、实物资本和无形资产，以及在农业生产经营过程中形成的各种流动资产、固定资产和其他资产的总和。广义的农业资金实际上就是用于农业生产经营的各种财物和资源的总和，并且总是以一定的货币、财产或其他权利的形式存在。狭义的农业资金是指农业再生产过程中，生产、流通、分配及社会消费等环节中财产物资的货币形态，即社会各投资主体投入农业的各种货币资金。广义的农业资金实际上涉及农业生产管理的全过程，而目前制约农业发展最关键的资金问题是狭义农业资金的投入问题。

在农业生产经营活动中，农业资金具有保证农业再生产顺利进行，保证农业生产成本垫支，参与农业价值创造等多种职能。因此，农业资金是进行农业生产的重要条件。

（二）农业资金的分类

按照不同的分类标准，可以对农业资金进行不同的分类。

1.按农业资金的所有权进行分类

（1）自有资金

自有资金是指农业生产单位自身所有、不需要归还别人的资金，主要包括农业生产单位自己积累的资金和农业企业筹集的股本资金，国家无偿拨付的资金也可以视为自有资金。

（2）借入资金

借入资金是指农业生产单位通过各种方式取得的、具有一定的使用期限、到期后必须偿还他人的资金，如向信贷机构借入的贷款、向社会公开发行的债券、通过民间借贷借入的资金等。

2.按农业资金服务的对象进行分类

（1）农业生产资金

农业生产资金主要是指直接用于购买农业生产资料所需的资金或在农业生产过程中消耗的各种资金。具体来说，农业生产资金包括购买农业生产设备等固定资产的资金，购买农药、化肥、种子、仔畜、饲料等消耗性生产资料的资金，生产过程中支付的水电费、机耕费、收割费、防疫费以及其他维护费用所需的资金和生产过程中支付的人工费用等。农业生产资金是农业资金最重要的组成部分，也是对农业产出影响最大的农业资金。

（2）农业产品销售资金

农业产品销售资金是指在农产品的销售过程中周转使用的流动资金或消耗的销售费用支出。具体来说，包括农产品销售过程中发生的对收获后的农产品进行维护、存储、运输和市场交易等所需的农业资金。农产品的销售资金是农产品市场价值实现的重要保证。

（3）农业基础设施资金

农业基础设施资金是用于修建农业水利设施、农田改造、农村道路、电力通信线路及其他农业生产所需基础设施的资金。农业基础设施资金是农业基础设施建设、维护、更新的基本保障，也是农业生产、销售和其他农业经营活动的基础。

（4）农业科研及推广资金

农业科研及推广资金是用于农业科学技术的研究、农业技术的试验、农业技术的示范推广以及提供农业技术服务等所需的资金。农业的发展离不开农业科技进步，而农业科研推广资金就是保证农业科学研究、技术进步、技术推广应用的基础。

（5）农业公共服务资金

农业公共服务资金是指用于农业公共信息、农业气象、农业教育、农业管理等公共服务项目的资金。农村公共服务经济上的外部性，往往会导致其在市场经济中的私人供给不足或无效率。通过政府、集体或个人集资等方式提供的农业公共服务资金是保证农业公共服务有效提供的基础前提。

3. 按农业资金投入农业生产领域的性质进行分类

（1）用于农业私人产品的农业资金

用于农业私人产品的农业资金，是指农业投资主体投入具有排他性和竞争性的农产品生产的资金。由于私人产品投资的竞争性和排他性，在市场经济中完全可以由经营者个人来提供，并由经营者按照市场情况和自身条件进行最优配置。

（2）用于农业公共产品的农业资金

用于农业公共产品的农业资金是指农业投资主体投入的具有非排他性、非竞争性的农业基础设施、农业公共服务等领域的农业资金。由于公共产品的特点会造成私人资金投入的低效率或无效率，因此，一般用于农业公共产品的资金投入应当由政府提供。

二、农业资金的利用与管理

（一）农业资金的来源

农业资金的来源渠道多样，在农业生产过程中，农业生产单位筹措农业资金的渠道主要有以下几种：

1. 国家投拨资金

国家在农业上投拨的资金主要有：为国有农业生产单位核拨基本建设资金和流动资金；为农业科研、教育、气象等部门及所属事业单位核拨经费；为整治河流、兴建水库、水电站、营造防护林、整治沙漠、保护草场等专项投资；对于一些以生产单位自筹资金为主的生产项目，国家也给予适量的资金补助，如农田水利、水土保持、养殖基地、农科网建设补助等；此外，还有地方财政和农业主管部门用于农业的各项支出，以及提高农副产品收购价格、减免农业税费等。

2. 农业自身积累

农业自身的资金积累主要来源于集体积累和农民投资两个方面。集体积累的主要来源是各基层生产经营单位依合同约定向合作经济组织提交的积累，主要有公积金、职工福利基金、新产品试制基金和国家下拨的农田基本建设资金等。随着国家或集体对农业基本建设投资的逐步增加，生产条件不断改善，尤其是一些开发性项目的完成以及农业产值的逐年增加，使农业的集体积累不断扩大。农民投资包括用于家庭经营的自筹资金和参加农业合作经济组织的入股资金。现阶段我国农业普遍实行以家庭经营为主的经营形式，特别是随着从事不同生产项目的专业户和各种新经济联合体的日益壮大，农民的投资已成为农业内部自筹资金的主要来源。

3. 借入资金

借入资金是指农业生产经营单位向商业银行、信用社等金融机构所贷入的款项及结算中的债务等，这部分资金只能在一定期限内周转使用，到期必须还本付息。借入资金的主要渠道有两种：一是从商业银行、信用社贷款。贷款是筹集资金的重要渠道，只要经济合算，有偿还能力，在农业生产中也就可以争取和利用各种贷款。二是发行债券。具备条件的农业企业或经营组织，可以通过发行债券的方式，将社会上的闲置资金集中起来，用于农业生产。

4. 商业信用

商业信用是指以预收货款或延期付款方式进行购销活动而形成的借贷关系，是生产单位之间的信用行为。商业信用的主要形式有两种，即先提货后付款、先收款后付货。商业信用是生产单位筹集资金的一种方式，随着我国市场经济的发展，商业信用将被更加广泛地运用，在农业生产中也应该积极利用这种形式来筹集所需的农业资金。

5. 利用外资

随着我国的经济开放和资本的国际流动，来自国外的资本成为农业资金的一个新来源。国外农业资金包括以下几种：一是来自国际经济组织的资金，如联合国、世界银行等；二是来自外国政府的援助或农业投资项目；三是国外的金融机构、公司或个人进行的农业投资。改革开放以来，我国一直将农业作为鼓励外商投资的重点领域之一，但农业利用外资的数量与其他产业相比依旧偏少，农业利用外资潜力巨大。

（二）农业投资的概念及其分类

农业投资是指在农业生产领域，以资金投入的形式组织资源投放，进而形成农业资本或者资产的活动，它是促进农业生产发展的必要手段。按照农业投资活动主体的不同，农业投资结构可以分为政府财政对农业的投资、农村集体投资、农户投资和企业农业投资。

1. 政府财政对农业的投资

政府财政对农业的投资主要是指以政府机构为主体进行的农业投资。从具体形式上看，主要包括以下几个方面：一是政府为国土资源整治、流域开发、水利设施建设、环境改造等方面所提供的资金投入或补贴，主要用以改善与农业生产发展相关的自然环境条件；二是政府对农业科学技术研究、农业和农村教育以及农业试验示范基地建设的资金投入支持；三是政府兴办各种农业服务组织机构为农业生产提供免费服务的投入；四是政府通过信贷政策扶持，为农业生产发展提供所需要的优惠贷款；五是政府通过各种形式的农产品价格支持、农村生产生活资料供给的优惠补贴等措施，促进农业生产发展和农民收入水平提高等方面的资金投入。各国农业生产发展的经验表明，政府财政对农业的投资，始终是促进农业生产发展最重要的动力。

2. 农村集体投资

农村集体投资主要是各级农村集体单位为促进农业生产发展所进行的投资，包括农田水利建设工程投资、生产用大型农业机器设备等生产资料的购置等。农业集体投资是农业投资主体结构中重要的组成部分之一。

3. 农户投资

农户投资是指直接从事农业生产经营活动的农户所进行的农业投资行为，包括农业生产的直接投入、小型农业生产设施的修建、农业生产资料以及农村居民生活消费资料的购置等方面的投入。由于农户是农业生产中最直接的经营主体和最基本的经营单位，因此从规模上讲，农户投资是最为主要的农业投资主体。

4. 企业农业投资

企业农业投资是指以涉农企业为主体的投资，包括一些专业化从事与农业相关的生产或服务的内资企业和外资企业。这类企业通过提供农业产业服务，直接增加农业资本投入，在获得投资收益的同时促进了农业生产的发展。农业企业一般具有规模、技术、管理、资金、信息和人才等优势，因此在农业生产中具有举足轻重的地位和作用，是实现农业产业化经营和农业现代化发展的组织带动者。

（三）农业资金的投资管理

农业投资在农业生产及经营活动中发挥着重要作用，是农业生产实现产业化和现代化发展的重要保障和推动力，因此必须加强对农业投资的管理，重点是做好对农业投资的资金管理，并提高农业投资的效率。

1. 农业投资的资金管理

农业投资过程中，农业资金投放于不同的农业生产环节，进入农业生产的方式不同，其运行和转移的方式也各不相同，要发挥其功能效用，就需要加强对农业资金使用和周转的管理。

（1）农业流动资金的管理

①流动资金的概念及组成。流动资金是指垫支在生产过程和流通过程中使用的周转

金，它不断地从一种形态转化为另一种形态，其价值一次性转移到产品成本中去。农业流动资金是在农业生产过程中的周转金，它一般由以下几部分组成：

A. 储备资金，指各种农业生产中所需的储备物资所占用的资金，包括种子、饲料、农药、化肥、燃料及修理用材料等。

B. 生产资金，是指在农业生产过程中占用的资金，如各种在产品、半成品等所占用的资金。

C. 成品资金，是指可以对外出售的各种农业产成品所占用的资金。

D. 货币资金，是指农业生产经营主体的银行存款、库存现金及其他货币资金。

E. 结算资金，是指农业生产经营主体在供应、销售和内部结算过程中发生的各种应收、预付款项等。

②农业流动资金的循环周转。农业生产的过程是一个周而复始、连续不断进行的过程，因此农业生产中的流动资金的循环和周转也是一个不间断的过程。农业流动资金一般从货币形态开始，依次经过农业生产中的采购、生产、销售三个阶段，表现为原材料、在产品、产成品三种不同的存在形态，最后又回到货币形态。

③提高农业流动资金利用效率的途径

A. 加强农业生产中物资供应储备环节的管理，主要是加强生产资料采购的计划性，防止盲目采购，同时制定合理的物资储备定额，及时处理积压物资，将储备物资的流动资金占用量控制在最低限度。

B. 加强农业生产环节的流动资金管理，主要是确定合理的农业生产结构，改进农业生产组织方式，努力降低农业生产的成本，增加收益；同时尽可能地缩短农业生产周期，因地制宜地把不同生产周期的农业生产项目结合起来，开展农业多种经营，以便均衡地使用农业生产资金。

C. 加强农产品流通环节及其他环节的管理，主要是及时组织农产品销售，抓紧结算资金的回收；同时要加强农业贷款安排的计划性，合理确定信贷资金的规模和期限结构，减少成品资金和结算资金的占用量。

（2）农业固定资金的管理

①农业固定资金的概念及特点。农业固定资金是指投放于农业生产资料方面的资金，主要是农业生产经营活动所需的建筑物、机械设备、运输工具、产畜、役畜、多年生果树、林木等实物形态的固定资产占用的资金。农业固定资金的特点是由农业固定资产的特点所决定的，农业固定资产可以多次参加农业生产经营过程而不改变其形态，其价值随着在使用过程中的磨损逐步转移到农产品成本中去，并通过折旧的方式从农产品的销售收入中得到补偿。所以，农业固定资金的周转速度较慢，需要经历固定资产整个使用时期才能周转一次。

②农业固定资产的计量。农业固定资产的计量是指采用货币形式将农业固定资产登记入账并列报于会计报表。正确地进行农业固定资产计量能够保证农业固定资产核算的统一性，为计算农业固定资产的折旧提供依据。农业固定资产计量可根据其来源分别按以下属性来进行：

A. 按历史成本来计量。在历史成本计量下，农业固定资产按照购建时的现金或者现金等价物的金额来计量，即购入的农业固定资产，按照其买价加上支付的运杂费、保险费、包装费、安装成本、税金等进行计量。自行建造的农业固定资产，按照建造过程中实际发生的全部费用支出来计量，包括专门借款的利息费用资本化的部分。投资者实物出资投入的农业固定资产，按照评估确认或者合同、协议约定的价值计量，合同或协议价不公允的除外。融资租入的农业固定资产，按照租赁协议或者合同确定的价款加运输费、保险费、安装调试费等进行计量。接受捐赠的农业固定资产，按照发票账单所列标价来计量；无账单的，按照同类资产的重置成本或现值来计量。

B. 按重置成本计量。在重置成本计量下，农业固定资产按照现在购买相同或者相似资产所需支付的现金或者现金等价物的金额来计量，当农业生产单位取得无法确定其原始价值的农业固定资产时，按照同类固定资产的重置成本计算。

C. 按现值计量。在现值计量下，农业固定资产按照预计从持续使用和最终处置中所产生的未来净现金流量的折现值来计量，这种计量方式适用于接受捐赠未取得发票也没有同类资产可供参考的情况。

D. 按公允价值计量。在公允价值计量下，农业固定资产按照公平交易中熟悉市场的双方都能接受的价格计量。

③农业固定资产的折旧

农业固定资产折旧是指农业固定资产在使用过程中发生磨损，并转移到农产品成本费用中去的那一部分的价值。农业固定资产磨损包括有形磨损和无形磨损两种情况，其中有形磨损是指由于物质磨损、侵蚀等而引起的农业固定资产的价值减少；无形磨损是指由于科学技术进步而导致的农业固定资产的价值减少。

A. 农业固定资产计提折旧的范围。已提足折旧继续使用的农业固定资产和按规定单独估价作为固定资产入账的土地不计提折旧，其他农业固定资产均计提折旧。农业固定资产应按月提取折旧，为了简化核算，当月增加的农业固定资产当月不提折旧，从下月起计提折旧；当月减少的农业固定资产，当月还应计提折旧，从下月起不再计提折旧。对于提前报废的农业固定资产，不再补提折旧。所谓提足折旧，是指已经提足该项农业固定资产应提的折旧总额。从数量上看，应提折旧总额等于农业固定资产原价减去预计残值再加上预计清理费用。

B. 农业固定资产的折旧方法。农业固定资产计提折旧的计算方法主要有平均年限法、工作量法、年数总和法和双倍余额递减法四种。农业企业或农业经营单位应根据农业固定资产的性质和消耗方式，确定合理的预计使用年限和预计净残值，并根据生产技术发展水平、环境及其他因素，选择合理的折旧方法。

④提高农业固定资金使用效率的途径

A.合理购置农业固定资产。在农业资金投入有限的情况下，尽量选用通用的农业固定资产，以减少对农业固定资金的占用量。

B.科学计提农业固定资产折旧。一方面要选择恰当的折旧方式，使该收回的农业固定资金早日收回；另一方面，确定好计提折旧的农业固定资产的范围，该计提折旧的都要计提折旧，不该计提折旧的农业固定资产不再计提折旧。

C.加强农业固定资产管理。定期进行清查盘点，及时处理不须用的农业固定资产，使未使用的农业固定资产及早投入使用，使不须用的农业固定资产及时得到处理；同时建立和健全农业固定资产的保管、维修、使用和改造制度，使各种农业固定资产经常处于技术完好状态，延长使用寿命，提高农业固定资产的生产能力和使用效率。

2.提高农业投资效率的对策分析

加强对农业资金的管理，其中最重要的环节是要提高农业投资的效率，要以加快农业生产发展为目标，从体制、市场、民生、文化、管理等多个方面入手，促进农业投资增效，使各类农业投资用到实处、发挥最大作用。当前，要提高我国农业投资的效率，应该做好以下几方面工作：

（1）提升各级政府对农业投资的投资效率

首先，要加强各级政府对农业投资的导向性作用和示范性作用，通过更有效的农业补贴，吸引更多的投资进入农业生产领域，增加农业资本投入；其次，加快建立符合我国国情的政府投资监督体系，提高政府资金的运行效率，简化政府投资的多头管理体制，尤其是防止对农业资金的占用；再次，加强政府对农业投资项目的科学论证，把长期利益和短期利益结合起来，建立合理的投资决策机制和评估机制；最后，加快建立健全专门针对财政农业投资的法律法规，以利于财政农业投资的依法实施和组织，以及农业财政投资的监督保障职能的发挥。

（2）提升农村集体经济组织的农业投资效率

农村集体经济组织对农业的投资，应该集中在为当地农业发展提供基础设施和生产服务，以及提供农业公共品等方面；要进一步厘清农村集体经济的产权问题，明确农村集体经济组织在农业投资中的边界，发挥好农村集体经济组织投资对政府农业投资和农户投资的补充作用。

（3）促进农户投资增效

农户是最直接的农业生产经营者，也应该是农业投资的最大受益者。为了鼓励农户加大对农业生产的投资，除了政府要加大农业保护和补贴以增加农户投资收益之外，还应该着眼于市场，增强农产品的专业化生产，提升其市场竞争力，提高农户投资收益；同时要鼓励农户进行规模化经营，引进先进的农产品深加工技术，提高农产品的附加值，提升农户投资的效益。

（4）提高企业的农业投资效率

一方面，要充分利用各种优惠措施和政策，引导和鼓励内外资企业加大对农业投资，加快农业先进技术成果通过企业向农业生产转化，从而提升农产品的科技含量和竞争力，增加农产品生产和销售的利润空间；另一方面，进一步完善农产品市场，为农产品的生产、加工和流通领域的产业化发展建立市场基础，促进农产品的商品化生产，提高企业对农业投资的效率。

总之，农业是我国国民经济继续健康发展的基础，而农业资金投入是农业稳定发展的前提和保障。因此，提高农业投资效益，增加农业资金投入，是我国农业现代化和产业化发展必由之路。合理利用农业资金，提升农业投资效益，探索符合我国国情的农业高效发展模式，对于我国国民经济发展和社会主义新农村建设，都具有十分重要的意义。

第四章 农业经济核算及技术经济效果评价

第一节 农业经济核算

一、农业经济核算的概念及内容

（一）农业经济核算的概念

农业经济核算是对农业生产经营过程中的生产资料占用、劳动耗费和成果进行记录、计算、对比、考核的一种经济管理方法。

农业经济核算是农业商品生产的客观要求。农业只有根据市场的需求，生产适销对路的农产品，并通过严格的经济核算，优化配置各种生产要素，提高农业生产的经济效益，才能最终实现利润最大化的目标。因此，加强农业经济核算具有十分重要的意义。

（二）农业经济核算的内容与方法

1. 农业经济核算的内容

农业经济核算包括农业基本建设中的经济核算和农业经营活动中的经济核算。具体包括：农业资金的核算、成本和费用的核算及生产经营成果的核算等内容。农业经济核算的内容是一个有机整体，每一项内容都是其中不可缺少的组成部分。

农业资金的核算是在农业生产过程中对农业资金的筹集、投入、分配及利用效益等情况进行的核算。这是农业生产经营活动的基础，也是农业经济核算的主要内容。

农业成本费用核算是对农产品生产过程中所消耗的活劳动和生产资料费用的核算，主要是通过计算各种农产品总成本和单位成本来反映农业生产经营过程中活劳动和物化劳动的消耗，以寻求降低成本费用的措施。

农业生产经营成果的核算是对农业企业生产经营成果（包括产品数量、质量、构成、利润、利润的分配等）的核算。通过农业生产经营成果的核算，可以考核农业的生产经营效果，促使农业企业不断降低成本，减少资金占用，加速资金周转，增加盈利。

2. 农业经济核算的方法

农业经济核算的基本方法包括会计核算、统计核算和业务核算。

会计核算是用货币形式通过记账和算账来反映、监督农业生产经营活动的一种方法。这是农业经济核算的中心，通过会计核算可掌握企业资金的取得与运用、成本与费用、收入与盈亏等方面的情况。

统计核算是运用货币、实物等量度指标，对农业生产的经济现象进行计算和分析，反映农业生产和社会的经济活动。通过统计核算可获得农业生产的各种数量和质量方面的信息，如产品质量、劳动生产率、设备利用率、生产费用等。

业务核算是对农业经营单位和个别作业环节进行核算。通过业务核算将某种业务开展情况及时反映出来，使管理人员了解和掌握动态，进行有效调控。

上述三种方法并不是相互独立的，实际中只有把三种方法结合起来，才能全面地反映农业经营单位的状况，更好地发挥经济核算的作用。

二、农业资金的核算

（一）农业中的资金

1.农业资金的含义

农业资金是农业再生产过程中物质资料的货币形态，是农业生产建设过程中所占用的各种财产物资的价值以及货币价值的总和。农业资金在农业生产经营过程中执行两个基本职能：一是保证农业再生产过程顺利进行；二是保证农业生产成本的垫支，参与价值的形成和新价值的创造。在农业生产经营中保持一定数量的资金，并使之周转流畅，是进行农业生产的重要条件，是实现农业现代化的一个重要保证。

2.农业资金的分类

农业资金按不同的标准有不同的分类：

①农业资金按其流动性不同，分为固定资金和流动资金。

②农业资金按来源不同，可分为资本金和外来资金两类。

③农业资金按用途不同，可分为基本建设资金、经营资金和专用基金。

（二）固定资产的核算

固定资产核算是指在一定的财务时期，对固定资产进行重新估值、记录的财务处理过程。固定资产可多次参加生产经营过程而不改变其形态，其价值通过磨损逐渐转移到新产品中，构成产品成本的部分，以提取折旧的形式从产品销售收入中收回。投入固定资产的资金周转速度比较慢，需要经历固定资产整个使用周期才能周转一次。在此期间，固定资产的一部分价值存在于实物形态上；另一部分价值则分离出去变为货币，以折旧的形式存在。

固定资产核算的主要内容有三项：一是固定资产折旧的核算；二是固定资产修理费的核算；三是固定资产利用效果的核算。

1. 固定资产折旧的核算

（1）固定资产折旧

固定资产折旧是指固定资产在使用过程中，由于损耗而逐渐转移到产品中去的那部分价值。其损耗分为有形损耗和无形损耗两种，有形损耗是指固定资产在使用过程中由于使用和自然力的作用而引起使用价值和价值的损耗；无形损耗是指由于科学技术进步和劳动生产率的提高而引起固定资产在价值上的贬值。企业经提取折旧来补偿这两种损耗，通过折旧提取的货币资金，将来用于固定资产的更新改造，在用之前就形成一种基金，这种基金称为折旧基金。折旧基金是农业资本金的重要来源。加强折旧的管理，可以正确地计算产品成本，实现生产设备及时更新换代，提高农业的技术装备水平。

（2）固定资产折旧的方法

一般采用平均年限法，经财政部批准的技术进步快的企业，其机器设备还可以采用加速折旧法，企业可根据实际情况，选择具体的折旧方法和折旧年限，在开始实行年度前报主管财政机关备案。

①平均年限法。根据固定资产的损耗程度均衡地计提折旧的方法。平均年限法是按照固定资产的使用年限平均计算固定资产折旧。

②工作量法。这种方法按固定资产从投入使用到报废，预计能完成的工作量来计算折旧额。对一些价值很大，而又不经常使用的大型设备，以及汽车等运输设备，可以按工作量计提折旧。

③加速折旧法。又称递减折旧费用法，是指固定资产预计计提折旧年限内，前期相对多提折旧，后期相对少提折旧的方法。主要有双倍余额递减法和年数总和法。

双倍余额递减法是在不考虑固定资产残值的情况下，按双倍直线折旧率和固定资产净值来计算折旧的一种方法。随着固定资产净值的逐年减少，各年计提的折旧额也逐年减少。

年数总和法是将固定资产的原值减去残值后的净额乘以一个逐年递减的分数计算每年的折旧额。

折旧方法和折旧年限一经确定，不得随意更改。需要变动更改的，须在变更年度以前，由企业提出申请，报主管财政机关批准。

总之，企业固定资产折旧，应当按月计提。月份内开始使用的固定资产当月不提折旧，从下月起计提；月份内减少或停用的固定资产，当月仍计提折旧，从下月起停止计提；提足折旧的逾龄固定资产不再计提折旧；提前报废的固定资产，不得补提折旧；企业应按规定提取折旧，计入成本费用中，不得冲减资本金。

2. 固定资产修理费的核算

为了使固定资产经常处于良好的状态，维护其原有效能，保持其生产能力，必须有计划及时地对其进行检查维修，因而固定资产修理费的核算也是其核算的重要内容之一。企业发生的固定资产修理费计入当期成本费用。修理费发生不均衡，数额较大的，可采用分期摊销或预提的办法，并报主管财政机关备案。采用预提办法的，实际发生的修理费用冲减预提费用，实际支出数大于预提费用的差额，计入有关费用；小于预提费用的差额冲减有关费用。

3. 固定资产利用效果的核算

对固定资产利用效果进行核算，可以确定固定资产占用的合理额度；正确计提折旧；加强固定资产管理，定期盘点，对未使用的固定资产减少积压和浪费；建立经济责任制，加强对固定资产的保管、维修、改造和使用。

反映固定资产利用效果的指标有两类：一类是单项技术经济指标；另一类是综合性价值指标。但要全面反映固定资产的利用情况，必须运用综合性价值指标。反映固定资产利用情况的综合性价值指标，主要有固定资产产值率和固定资产利润率两种。

（1）固定资产产值率

是企业在一定时间内所完成的总产值同固定资产平均占用额的比率。通常以每百元固定资产所创造的产值来表示。每百元固定资产创造的产值越多，说明固定资产的利用效果越好。

（2）固定资产利润率

是指企业在一定时期内所实现的利润总额同固定资产平均占用额的比率。一般以每百元固定资产所提供的利润来表示。每百元固定资产所提供的利润越多，说明固定资产的利用效果越好。

（三）生产性生物资产的核算

生产性生物资产是指为产出农产品、提供劳务或出租等目的而持有的生物资产，包括经济林、薪炭林、产畜和役畜等。生产性生物资产按照直线法计算的折旧，准予扣除。企业应当从生产性生物资产投入使用月份的次月起计算折旧；停止使用的生产性生物资产，应当从停止使用月份的次月起停止计算折旧。企业应当根据生产性生物资产的性质和使用情况，合理确定生产性生物资产的预计净残值，预计净残值一经确定，不得随意变更。林木类生产性生物资产最低折旧年限为 10 年；畜类生产性生物资产为 3 年。

自行营造或繁殖的生产性生物资产的成本，应当按照下列规定确定：

①自行营造的林木类生产性生物资产的成本，包括达到预定生产经营目的前发生的造林费、抚育费、营林设施费、良种试验费、调查设计费和应分摊的间接费用等必要支出。

②自行繁殖的产畜和役畜的成本，包括达到预定生产经营目的（成龄）前发生的饲料费、人工费和应分摊的间接费用等必要支出。

生产性生物资产的前提是以利益为最终目的，这就有区别于常规的自然生态的生物资产。

（四）流动资金的核算

1.流动资金的特点

流动资金经常处在流动状态，一般以库存物质、待摊费用、产成品和货币形态存在于生产经营中；具有三个"一次性"：一次性参加生产，一次性全部转移到产品中，一次性在销售中得到补偿。流动资金在产、供、销三个阶段中不断循环和周转，由货币资金转化为储备资金，再转化为生产资金，又转化为成品资金，最后又回到货币资金形态。

2.流动资金的分类

为便于对流动资金核算管理，常按以下方法进行分类：

①按流动资金在循环周转中所处的领域不同，分为生产领域中的流动资金（包括储备资金、生产资金）及流通领域的流动资金（包括成品资金、货币资金、结算资金）。

②按流动资金管理的方式不同，分为定额流动资金和非定额流动资金。定额流动资金指在供产销活动中必须占用的最低资金数额，包括储备资金、生产资金和产品资金。这些资金的需要量可根据生产任务、消耗水平及销售条件核定一个正常生产经营需要的最低限度的资金定额，实行严格的定额管理。非定额流动资金指流通领域中的货币资金和结算资金。这部分资金受外界条件影响较大，数量不稳定，在流动资金总额中占比重较小，一般不需要确定资金足额。

③按流动资金来源不同，分为自有流动资金与借入流动资金。

3.流动资金核算的内容

流动资金包括现金、银行存款、短期投资、应收及预付款、存货等多项内容。

（1）现金和银行存款核算

现金和银行存款具有很强的流动性，收支活动频繁，涉及农业经营单位大部分的经营业务，反映着企业财务状况及其经济效益。现金和银行存款核算就是要求农业经营单位严格遵守国家对现金和银行存款结算制度的规定，强化现金和银行存款收支的内部控制制度，以便严格控制和监督现金和银行存款的收支。

（2）短期投资核算

短期投资是指企业向其他单位投入的能够随时变现，并且持有时间不超过一年的有价证券以及不超过一年的其他投资。农业经营单位进行短期投资的目的在于能够使其正常生产经营中暂时闲置的资金有效利用，通过向其他单位投资，从而获取一定的短期经济利益，并且当农业经营单位需要资金时，又可通过证券市场，将所有的有价证券售出变现，再投入企业的资金周转。

企业短期投资种类很多，主要有：债权性有价证券、权益性有价证券和其他短期投资等。农业经营单位短期投资核算就是要通过对各种短期投资的计算、记录和对比，反映和做好企业短期投资的取得、转让或出售结余情况。

（3）应收及预付款项的核算

企业应收及预付款项主要包括：应收账款、应收票据、其他应收款、预付货物等。这些项目均属于短期性债权，即一年或长于一年的一个经营周期可以收回的债权。

应收及预付款的核算，要求按照具体内容进行严格的记录、计算，以便企业能及时完整地收回，保证企业资金的正常周转。

（4）存货核算

存货是指农业企业生产经营过程中为销售或耗用储存的各种资产，包括商品、产成品、半成品，在产品以及各种材料、燃料、包装物、低值易耗品等。

（五）无形资产、递延资产与其他资产的核算

1. 无形资产

无形资产指的是企业长期使用（一般为一年以上）但没有实物形态的资产，包括专利权、商标权、著作权、土地使用权、非专利技术、商誉及其他无形资产。无形资产从开始使用之日起，要在有效使用期限内平均摊入管理费用。

2. 递延资产与其他资产

递延资产是指不能全部计入当年损益，需要在以后年度内分期摊入成本的各项费用，包括开办费、土地开发费和租入固定资产的改良支出以及开发期在一年以上的长期待摊物等。开办费是指企业在筹建期间发生的费用，包括筹建期间前期研究实验费、人员培训费、工资、办公费、差旅费、印刷费、注册登记费以及不计入固定资产和无形资产购建成本的汇兑损益、利息支出等。开办费从企业开始生产经营月份的次月起，按照不短于 5 年的期限分期摊入管理费用。

其他资产是指除以上各项资产以外的资产，包括特准储备物资、银行冻结存款、冻结物资、涉及诉讼中的财产等。其中特准储备物资是指不参加农业生产经营的经国家批准储备的特种物资。

三、农产品成本的核算

农产品成本是评定农业生产经济效果的综合性指标，是衡量农产品生产耗费的重要尺度，是监督和控制生产支出的有力手段。因此，开展农产品成本核算工作，是整个农业经济核算的重要组成部分。

（一）农产品成本核算及其特点

1. 农产品成本

农产品成本是指为生产农产品所消耗的物化劳动（物质资料）价值和活劳动（劳动者）报酬支出的总和。农产品成本是一项重要的综合性指标。劳动生产率的高低、原材料和机

器设备的利用程度，以及经营管理水平等，都会通过成本指标反映出来。成本降低，意味着活劳动和物化劳动消耗的节约。

单位农产品成本是指生产每一单位农产品所消耗的物化劳动价值和活劳动报酬支出的总和，某种农产品的单位成本是该种农产品成本与该种农产品总产量的比值。可见，单位农产品成本的高低既取决于农产品的产量，又取决于农产品成本。从这个意义上说，降低单位农产品成本就意味着企业以同样的物化劳动和活劳动的消耗，生产出更多的农产品。通过成本核算，可以对各种生产消耗进行控制和监督，促进企业或核算单位人力、财力、物力的节约，降低成本，增加盈利，也可为国家制定农产品价格政策等提供依据。可见，搞好农产品成本核算，对提高农业企业或核算单位的管理水平，实现增产节约，加强国家对农业生产的宏观领导和调控都有十分重要的意义。

2. 农产品成本核算的特点

①农业经营单位生产一般是以一两种产品为主的多产品生产，因而产品种类多，成本核算比较复杂。

②流动资金与生产性生物资产经常互相转化。如在畜牧业生产中，基本母畜、种公畜等是生产资料，属生产性生物资产；当被淘汰育肥时，成为生活资料，纳入消耗性生物资产核算，属于流动资产中的存货（在产品或产成品）范畴。

③由于农产品生产周期参差不齐，有的一年一个生产周期，有的一年几个生产周期（如家禽），成本核算也只能在产品收获后才能完成，因而成本核算在时间上也参差不齐。

（二）农产品成本费用项目构成

要正确地核算农产品成本，就应明确农产品成本由哪些费用构成。不同的农产品其成本费用构成是不同的，但都包括以下几个方面内容：

1. 直接费用

是指为生产农产品或提供劳务所发生的直接支出。包括直接生产资料费用、直接人工费用以及其他直接支出。直接生产资料费用是在生产过程中直接耗费的生产资料，如种子、肥料、农药、燃料、动力、饲料、其他辅助材料等费用。直接人工费用是直接参加农产品生产人员的工资、奖金、津贴等。其他直接支出指除直接生产资料、直接人工费以外的其他直接费，包括生产设备折旧费与修理费、产畜摊销、畜牧医疗费等。

2. 间接费用

是指为组织和管理生产活动而发生的各项费用，包括办公用品费、差旅费、管理人员工资、福利费、固定资产折旧费、机务料消耗、低值易耗品摊销、租赁费、土地开发费摊销、水电费、保险费、机械作业费、排灌费、季节性和修理期间的停工损失、取暖费及其他间接费。

3. 期间费用

是指农业经营单位本期发生的、不能直接或间接归入产品成本，而是直接计入当期损益的各项费用。它包括管理费用、财务费用和营业费用三类，它们与产品产量无直接联系。

我国会计制度规定，直接费用直接计入生产成本，间接费用通过分配计入生产成本，期间费用不计入生产成本，直接计入当期损益。因此，生产成本仅指为企业生产各种产品所发生的直接费用和间接费用，它只是费用的一个组成部分，而不是费用的全部。

（三）农产品成本核算

农产品从广义上说包括种植业产品、畜牧业产品、水产品和林业产品等多种类别，每类别中又有不同的产品项目，计算成本的方法也有很大差别。

1. 种植业产品成本核算

种植业产品成本包括物质与服务费用和人工成本。物质与服务费用包括直接费用和间接费用。

（1）直接费用

①种子费。用各作物的实际用种量乘以种子的单价计算计入各作物成本的种子费。外购种子按买价加上运杂费、途中的合理损耗、税金及入库前的挑选整理费计价；自产自用种子按国家规定的价格计价。

②肥料费。外购的肥料按实际买价加上运杂费计价；自产自用的绿肥按市价计价；农家肥按有关部门统一的价格或估价计价。

③农药费。外购的农药按采购价、途中的合理损耗和运杂费计价；自产的按市价计价。

④机械作业费。外单位代为耕作的，如果只是某一种农作物，按实际支付的作业报酬计算；如果是多种作物，先按实际支付的作业报酬记录，然后，根据各作物的实际作业量计算应分摊的机械作业费；自有机械进行耕作的，应按同类作业市价先计算出单位面积成本，然后按各作物的实际机械作业量计算应摊的机械作业费。

⑤排灌作业费。支付给水电部门的生产水电费，按实际支付数计入各作物成本；自有排灌设备发生的费用，核算方法同机械作业费的类似，只是作业值的单位变为单位面积数。

⑥畜力作业费。各作物在成本核算期内使用役畜从事田间作业和运输的费用，如果是外雇畜力，按实际支出计算；如果是自己拥有的畜力，则应按实际费用计算，包括饲草和饲料费、固定资产折旧费、修理费、役畜医药费和其他相关支出。

⑦燃料动力费。机械在运转或施工作业中所耗用的企业自制或外购的固体燃料（如煤炭、木材）、液体燃料（汽油、柴油）、电力、水和风力等费用。根据生产过程中的实际耗费计入成本。

⑧其他直接费。以上没有包括的直接费用支出。

（2）间接费用

主要包括固定资产折旧、税金、保险、管理费、财务费、销售费等支出，按实际开支金额和一定的分摊标准分别计入各作物的成本。

（3）人工费用

人工费用的核算用各作物的用工量（即标准劳动日）乘以标准劳动日值，计算计入各作物成本的人工费用。

（4）产品成本的计算

以上各项费用核算出来以后，就可以结合各作物的面积和产量计算产品成本了。每一作物一般都须计算总成本、单位面积成本和单位产品成本三个指标。

在实际工作中，农产品成本的计算一般都通过成本计算单进行。

2. 畜牧业生产费用核算

畜禽饲养的生产费用包括人工费用、饲料饲草费、燃料动力费、固定资产折旧费及修理费、其他费用。各项费用的核算方法如下：

（1）人工费用

指在畜禽饲养过程中的全部劳动报酬。从数量上看，是总用工量（折合的标准工作日）乘以工日单价而得的乘积。其中：总用工量包括直接用工和间接用工两部分。直接用工包括饲养、放牧、捡蛋、挤奶、剪毛等用工。这些用工可以直接计入有关产品成本；间接用工包括饲料调制、用具修理以及管理用工。如只饲养一种畜禽，间接用工也可直接计入产品成本；若饲养两种以上畜禽，间接用工可按各畜群收入或直接用工的比例分摊。某种畜禽的直接用工加上应分摊的间接用工就是总用工量。工日单价仍可采用劳动力再生产必需生活费用调查的工值计算。

（2）饲料饲草费

指在畜禽饲养过程中消耗的全部饲料饲草的价值。外购的按买价加上运杂费、途中的合理损耗和相关的税金计算，自产的按实际成本或国家牌价计算。

（3）燃料动力费

指粉碎和蒸煮饲料、雏鸡孵化及畜禽舍内取暖等耗用的燃料和电力费用，应按实际支出的金额计算。若生产多种畜禽应对此项费用进行分摊。

（4）固定资产折旧费及修理费

指畜舍、禽笼等饲养专用设备的折旧费和修理费。

（5）其他费用

指畜禽的医药费、饲养工具的购置费、管理费和其他支出。对能直接计入某种畜禽（群）成本的费用，直接计入畜禽（群）成本；对不能直接计入畜禽（群）成本的间接费用，应按各畜群用工比例分摊。

3. 水产业产品成本核算

水产业即渔业，其生产分为人工养殖和天然捕捞两种，其产品成本核算办法不同。

（1）人工养殖的水产品成本核算

人工养殖成本核算对象包括成鱼和鱼苗两种。成鱼成本应包括苗种费或幼鱼成本、饵料费、人工费、燃料动力费、折旧与摊销费、修理费和其他费用。鱼苗或幼鱼成本包括鱼苗或幼鱼培养过程中的全部费用。

（2）天然捕捞的产品成本计算

当年的全部捕捞费用，全部计入当年捕捞的产品成本，必要时可按计划成本或销售价格的比例在不同产品之间分摊。

四、营业收入、利润及其分配的核算

（一）营业收入与税费的核算

1. 营业收入

营业收入是指农业经营单位销售产品取得的销售收入（即主营业务收入）及其他业务收入。其他业务收入，包括材料销售、固定资产出租、无形资产转让（不包括对国家划拨的土地实行有偿转让的土地使用权），以及技术转让和包装物出租等取得的收入。营业收入的核算可以补偿总成本费用，上缴税金，偿还债务，保证企业再生产正常进行。

主营业务收入减去营业税金及附加和主营业务成本即是企业实现的主营业务利润总额。主营业务成本是按照制造成本法计算的农业企业已销产品、商品和劳务的生产经营成本。

其他业务收入减去其他业务支出则是其他业务利润。其他业务支出是指农业企业除产品、商品销售以外的其他销售或其他业务所发生的支出，包括材料出售成本、出租固定资产应提折旧、出租包装物摊销以及按照其他业务收入计算的应交税金及附加等。

2. 税金及附加

税金及附加是用来核算农事企业日常主要经营活动应负担的相关税费，包括消费税、城市维护建设税、教育费附加、资源税、房产税、城镇土地使用税、车船税、印花税等。

3. 企业所得税

企业所得税是指在我国境内独立核算的企业或组织，就其生产、经营所得和其他所得，依法缴纳的税收。企业每一纳税年度的收入总额，减除不征税收入、免税收入、各项扣除以及允许弥补的以前年度亏损后的余额，为应纳税所得额。

企业以货币形式和非货币形式从各种来源取得的收入，为收入总额。包括销售货物收入、提供劳务收入、转让财产收入、股息、红利等权益性投资收益、利息收入、租金收入、特许权使用费收入、接受捐赠收入，以及其他收入。收入总额中涉及的财政拨款、依法收取并纳入财政管理的行政事业性收费、政府性基金为不征税收入。

企业实际发生的与取得收入有关的、合理的支出，包括成本、费用、税金、损失和其他支出，准予在计算应纳税所得额时扣除。但以下支出不予扣除：包括向投资者支付的股息、红利等权益性投资收益款项，企业所得税税款，税收滞纳金、罚金、罚款和被没收财物的损失、赞助支出、未经核定的准备金支出和与取得收入无关的其他支出。

在计算应纳税所得额时，企业按照规定计算的固定资产折旧，准予扣除。下列固定资产不得计算折旧扣除：房屋、建筑物以外未投入使用的固定资产、以经营租赁方式租入的固定资产、以融资租赁方式租出的固定资产、已足额提取折旧仍继续使用的固定资产、与经营活动无关的固定资产、单独估价作为固定资产入账的土地、其他不得计算折旧扣除的固定资产。

企业按照规定计算的无形资产摊销费用，准予扣除。下列无形资产不得计算摊销费用扣除：自行开发的支出已在计算应纳税所得额时扣除的无形资产、自创商誉、与经营活动无关的无形资产、其他不得计算摊销费用扣除的无形资产。

企业发生的下列支出作为长期待摊费用，按照规定摊销的，准予扣除：已足额提取折旧的固定资产的改建支出、租入固定资产的改建支出、固定资产的大修理支出、其他应当作为长期待摊费用的支出。

企业对外投资期间，投资资产的成本在计算应纳税所得额时不得扣除。企业使用或者销售存货，按照规定计算的存货成本，准予在计算应纳税所得额时扣除。企业转让资产，该项资产的净值，准予在计算应纳税所得额时扣除。企业在汇总计算缴纳企业所得税时，其境外营业机构的亏损不得抵减境内营业机构的盈利。企业纳税年度发生的亏损，准予向以后年度结转，用以后年度的所得弥补，但结转年限最长不得超过5年。

（二）利润的核算

利润是考核企业经营成果的重要指标，任何企业都力争取得较多的利润。企业的利润总额按照下列公式计算：

利润总额＝营业利润＋营业外收入－营业外支出

营业利润＝营业收入－营业成本－税金及附加－销售费用－管理费用－财务费用－资产减值损失＋公允价值变动收益（－损失）＋投资收益（－损失）＋资产处置收益（－损失）＋其他收益

营业外收入和营业外支出是指与企业生产经营活动没有直接关系的各项收入和支出。

营业外收入包括非货币性资产交换利得、出售无形资产收益、债务重组利得、企业合并损益、盘盈利得、因债权人原因确实无法支付的应付款项、政府补助、教育费附加返还款、罚款收入、捐赠利得等。

营业外支出包括非流动资产处置损失、非货币性资产交换损失、债务重组损失、公益性捐赠支出、非常损失、盘亏损失等。

营业收入是指企业经营业务所确认的收入总额，包括主营业务收入和其他业务收入。

营业成本是指企业经营业务所发生的实际成本总额，包括主营业务成本和其他业务成本。

营业税金及附加是企业在取得收入后，按照一定的比例，需要向当地税务机关缴纳的相关费用。

销售费用是指出售产品或提供劳务过程中发生的费用，包括应由企业负担的运输费、装卸费、整理费、包装费、保险费、展览费、检验费、广告费、租赁费（不含融资租赁费）及销售部门人员的工资及福利费、差旅费、办公费、折旧费、修理费、物料消耗、低值易耗品摊销等。

管理费用是指管理部门及其派出机构，为管理和组织经营活动而发生的各项费用。包括公司经费、工会经费、职工教育经费、劳动保险费、技术开发费、无形资产摊销、开办费摊销、土地开发费摊销、业务招待费、坏账损失、存货盘亏等。

财务费用是指企业为筹集资金而发生的各项费用，包括生产经营期间发生的利息支出（减利息收入）、汇兑净损失、金融机构手续费以及其他财务费用。

资产减值损失是指企业计提各项资产减值准备所形成的损失。

公允价值变动收益（减损失）是指企业交易性金融资产等公允价值变动所形成的，应计入当期损益的利得（或损失）。

投资收益（或损失）是指企业以各种方式对外投资所取得的收益（或发生的损失）。

资产处置收益是反映企业出售划分为持有待售的非流动资产（金融工具、长期股权投资和投资性房地产除外）或处置重组时确认的处置利得或损失，以及处置未划分为持有待售的固定资产、在建工程、生产性生物资产及无形资产而产生的处置利得或损失。债务重组中因处置非流动资产产生的利得或损失和非货币性资产交换产生的利得或损失也包括在本项目内。

其他收益是指用于核算与企业日常活动相关，但不宜确认收入或冲减成本费用的政府补助。

（三）利润分配核算

利润分配是企业实现的利润按照国家规定或投资人的决议进行分配的活动。企业必须正确组织利润分配，以维护国家、企业和投资者的权益。对实现的利润，首先应依法缴纳所得税，缴纳所得税后的利润应按规定提取盈余公积金，并向投资者分配利润。

按照现行财税制度的规定，企业利润分配程序和原则如下：

①弥补以前年度的亏损。缴纳所得税的企业，其发生的年度亏损，可以用下一年度的利润弥补，下一年度不足以弥补的，可以在 5 年内延续弥补，5 年内不足弥补的，用税后利润弥补。

②缴纳所得税。我国现行企业所得税税率为 25%。特殊情况按国家规定，可以适当减免。

③弥补税前利润弥补后仍存在的亏损。

④按规定提取法定盈余公积金。盈余公积金是企业从税后利润中提取的积累资金，包括法定盈余公积金和任意盈余公积金。按现行财务制度规定，企业至少提取利润的 10%作为公司法定盈余公积金，当法定盈余公积金累计额为公司注册资金的 50%时，可不再提取。任意公积金指企业为了适应经营管理、控制利润分配水平以及调整各年利润分配波

动等方面的需要，在向投资者分配利润时，按照公司章程或董事会决议，从税后利润（减去弥补亏损）中按一定比例提取的一种准备金。

⑤应付现金股利或利润，即向投资者分配的利润，是企业税后可供分配的利润减去盈余公积金的余额。向投资者分配利润应按有关合同、协议或决定执行。企业以前年度未分配的利润，可以并入本年度分配。

⑥转作股本的股利，是指企业按照利润分配方案给股东的股票股利，也包括非股份有限公司以利润转增的资本。

第二节 农业技术经济效果评价

一、农业技术经济效果的概念及特点

人类社会的一切实践活动都是有目的的。这种实践活动的目的性就是为了取得相应的成果，这种成果就是有用效果，也就是实践活动达到预期目的的程度。在人类的生产实践中之所以要讲求经济效果，首先是由人类进行生产活动的目的所决定的。人们从事生产经营活动都是为了取得一定的劳动成果，获得一定的经济效益。通过劳动，生产出越来越多的产品，以满足人类的生活需要和再生产的需要，以求得人类的生存和社会的发展进步；其次，生产资源的稀缺规律决定必须讲求经济效果。在生产要素中，有许多资源属稀缺资源，即有限资源，不可再生，是不能根据生产发展的需要及时增加的。如土地，具体到耕地、草原、山林等资源都属有限资源。所以就要求对这些资源的利用要讲求经济效果，要合理节约，有效利用。我国资源的有限程度更加迫使我们必须讲求经济效果。

现代农业的发展，主要依靠科学技术的进步和运用。要发展农业，就必须采用先进的科学技术措施，而不同的生产技术措施，它所取得的有效成果与采用时所付出的代价又是不相同的，这就要求对所采用的农业生产技术措施进行技术经济论证和评价，择优选用在生产上可行的、经济上合理的、技术上先进的生产技术措施或方案。

（一）农业技术经济效果的概念

1.经济效果

所谓效果就是实践活动所达到预期目的的程度。而经济效果是指在既定条件下，劳动消耗量或劳动占用量与所取得的有用效果或劳动成果的比例关系。可以简单地称为，所费与所得的比例关系，或投入与产出的比例关系。在商品生产条件下，商品的使用价值或价值量表现为有用效果。那么经济效果就是所取得的有用效果与为此而消耗或占用的劳动量的比例关系。

这种比例关系表现为，当投入的劳动消耗和劳动占用为一定量时，产出的有用效果与经济效果成正比，或者当产出一定量的有用效果时，投入的劳动消耗和劳动占用量与经济效果成反比。因此，物质资料生产讲求经济效果，就是在一定量的劳动消耗或劳动占用下，生产出更多更好的有用价值；或者生产一定的有用价值，投入更少的劳动量。

物质资料生产过程中所消耗和占用的劳动量包括两个方面：活劳动和物化劳动。活劳动指当时参加生产活动的劳动，可用劳动时间直接计量；物化劳动指由过去的劳动时间凝结起来的各种物质生产资料，而实际消耗的物化劳动量，在实际中往往不能简单、准确地再还原为劳动时间。为了能统一准确计算劳动消耗，通常都用价值形式来表示。活劳动的节约表现为人力的节约；物化劳动的节约表现为物力的节约；而人力和物力节约的价值形式就表现为财力的节约，从而劳动消耗量与有用效果的比较就表现为所费与所得的关系。

农业的生产过程，不仅要消耗劳动，而且还要占用劳动，即物化劳动。占用的物化劳动包括四部分：一是机械、房舍、设备等固定资产；二是产畜、役畜等生产性生物资产；三是土地（使用权）等无形资产；四是种子、化肥、饲料、农药、油料等流动资金。从劳动占用来考察生产的经济效果时，是考察一定时期内所取得的有用效果量同该时期内占用的物化劳动量的比例关系。一定的劳动占用量所取得的有用效果越大，经济效果越大；反之，经济效果就越小。由于物化劳动量是以货币形态来表示的，物化劳动占用量也就是资金占用量。资金占用量一定而生产效率提高时，表明资金利用效果较好。

2.经济效益

经济效益指产值、成本和纯收入之间的消长关系，用公式表示为：

经济效益＝产值－成本

经济效果和经济效益是经济学中的两个基本概念，在现实经济评价中，常常交替使用。这两个概念既有密切联系，又有一定的区别。二者的区别是：经济效果着重研究生产过程投入与产出，所得与所费的比例关系，所以它注重生产过程；经济效益则着重研究生产全过程的实际利益，强调生产产品必须符合社会需要，必须给企业和社会带来实际利益，所以它注重生产成果的好坏。但二者还有一定的联系：经济效果的好坏往往成为经济效益好坏的一种表现，即经济效益好坏是通过经济效果体现出来的，而经济效益的提高是建立在生产过程提高经济效果的基础上的。

3.农业技术经济效果

农业生产技术经济效果（简称农业技术经济效果）是农业上所采用的不同技术措施、不同技术方案的劳动耗费和劳动占用与农业有用效果的比例关系。农业生产不同于其他物质生产部门，农业生产的最大特点是经济再生产与自然再生产相互交织在一起。然而农业生产同其他物质生产部门也有相同之处，在生产过程中必须投入各种生产资源，才能生产出产品；合理分配和使用各项农业生产资料，才能取得显著的农业技术经济效果。

生产技术措施或方案，如果仅从自然科学的角度考虑其先进性，而没有和劳动消耗联系起来，只能是技术效果，而不是技术经济效果。

确立农业技术经济效果概念的重要性在于：选择技术措施或技术方案，不但要考虑到技术的先进性，增产效果，还要考虑这些增产效果花费了多少劳动耗费换来的。这就要求所采用的技术措施和技术方案，不仅要符合农作物和畜禽的自然生长发育规律，而且还必须能够节约生产每单位农畜产品的劳动耗费。只有这样，才有生产应用和推广的现实意义。所以，从经济角度考虑农业生产中所采用、实施的技术措施或方案，必须在技术上是先进的；在条件上是可行的；在经济上是合理的。即农业生产技术必须具有先进性、可行性和合理性。

（二）农业技术经济效果的特点

评价农业技术的经济效果，必须对它固有的某些特点进行研究。因为它们直接影响着经济效果的大小，认识和掌握这些特点，才能正确地评价农业技术经济效果。

1. 农业技术经济效果具有综合性

农业生产的对象是有生命的动植物，其生长发育要求同时满足各种必要的生活条件，如果缺少其中任何一种或几种要素，都会制约生产能力的发挥，影响产品产出的数量和质量。所以，实践中常采取综合性的措施，其效果往往大于各个单项技术措施效果的总和。选择先进适用技术，因地制宜地组成农、林、牧、渔业的技术生产体系，发挥综合措施作用，对于提高农业技术经济效果关系重大。

2. 农业技术经济效果具有多样性

很多农业技术措施具有多功能、多效益的特点。如土地综合治理、兴修水利、草原建设、营林造林、建立合理的耕作制度、放牧制度和生产结构以及其他农业基本建设，它们不仅具有明显的直接效益，还有较大的间接效益；不仅可以得到经济效益，还可得到社会效益和生态效益。在评价农业技术效果时，需要全面分析各种效果，重视农业生产技术经济效果多样性的特点。

3. 农业生产技术经济效果具有相关性

各项农业生产技术措施，既互相促进，又相互制约，从而引起技术经济效果的不同变化。在各项农业技术措施之间，既有水平方向的横相关，又有垂直方向的纵相关；既有正相关，又有负相关。如品种、水、肥之间表现为横相关，上茬作物与下茬作物之间表现为纵相关。良种良法相结合，其效果表现为正相关，施用化肥随之大水漫灌，则表现为负相关。不同技术方案、技术措施的评价，应研究这种相关性的影响。

4. 农业技术经济效果具有持续性

某些农业生产技术措施，其效果不仅表现在当时，而且往往具有技术后效。如农田基本建设、深耕改良土壤、草地改良、良种培育和选育、增施有机肥等，都可在若干个生产周期内发挥其效用。但如果措施不当，所产生的不良后果同样具有持续性，如毁林开荒、树种选择失误、灌溉技术不当，则可导致生态破坏、土壤盐渍化等严重后果的发生，甚至造成难以挽回的损失。

二、农业技术经济效果评价的理论及原则

（一）农业技术经济效果评价理论

1. 生产资源因素互相替代理论

生产资源是进行物质资料生产所必须具备的人力和物质因素以及物质条件的总称。在农业生产中，有些生产资源的用途是固定不变的和不可代替的，如光热、水、土地等都属于这一类。而有些生产资源，如劳动力、畜力和机械力之间就可以互相替代，并产生相同的经济效果。另外，低产劣质品种也可为高产优质品种所代替，精料可被粗料所代替等。生产资源因素之间的互相替代，一般说来，都是同质异值的，即具有相同的功能和效用，因为可替代生产资源价格不同，那么进行农业生产，就要选择高质量低成本效果好的资源来代替低质量高成本效果差的，从而取得较好的经济效果。

2. 边际报酬递减理论

这一理论也叫增量变动比率规律理论、资源报酬变动理论。这一理论的内容简要地说，就是在一定时期、一定技术条件下，假定其他条件不变，只有一种变动资源因素增加投入量。开始时，随着变动资源因素的增加，产品产量也随之增加，但投到一定限度后，若继续投入，产品产量就不再增加，反而减少，即增量为负数。单位增量也称边际产量，就是每增投一个单位的资源量所引起的产品量的增减量。边际产量是边际报酬的一种。除此之外，还有边际产值、边际收益等。这种现象在农业生产中普遍存在。例如，农业生产中单位化肥投入量和农作物产品产出量的关系；畜牧业生产中单位饲料投入量和畜产品产出量的关系。

（二）农业技术经济效果评价原则

（1）把技术效果与经济效果统一起来

技术效果是指某项技术措施运用于生产、消费和服务领域所取得的有用效果，讲求的是某一项措施能否达到技术性目的以及达到的数和质。但对技术措施的"所费"如不计较，不将技术措施的"所得"与"所费"进行对比，那就很难达到既增产又增收的目的。因此，评价技术措施和技术方案时，必须把技术上的先进性和经济上的合理性统一起来，力争在给定的条件下，选择优质、高产、高效的技术措施。具体应用这一原则时，要注意以下两点：

①对有相同增产效果的技术措施或技术方案，要选择投资少、劳动耗费少，资源利用合理，有利于生态平衡的方案和措施。

②对需要增加投资的新技术或新方案，要选择技术适应性强、生产可行性强、增产幅度大、投资费用增加幅度小的新技术或新方案。

（2）保护和改善生态环境，把当前经济效果和长远经济效果结合起来

农业生产过程既是动植物生命系统与环境系统矛盾统一的过程，又是物质和能量相互

转化的过程。因此，评价农业技术经济效果，除考察经济上是否合理外，还要考察它的应用对保护和改善生态环境的影响和作用，力争把经济效益和生态效益统一起来。在农区要特别重视农牧结合，提高农牧之间物质循环利用率；在牧区提高草原生产能力，要以保护和提高草原生态系统的结构和功能为前提。同时畜禽生产具有周期长和持续性的特点，可在若干个畜禽再生产过程中表现出来，因此评价农业技术经济效果时，要研究各项技术效果之间的相关性，把当年经济效果与长远经济效果结合起来，以取得持久的最大经济效果。

（3）正确处理单项技术效果与综合技术效果的关系

农业技术本身有单项措施，也有综合性的技术措施。农业生产效果往往是由多种技术措施综合作用的结果，但各项技术措施对产品、产量和劳动耗费的影响又是不同的，其中某一项技术措施所取得的增产效果往往是以采取其他技术措施为前提的。如果处理得当，综合技术措施所取得的效果，将会大大超过各单项技术效果的总和。反之，如果各项技术在综合方案中处理不当，技术经济效果有可能互相抵消，从而降低综合技术措施的经济效果。再者，局部经济效果与全局经济效果二者有时是一致的，有时则是矛盾的，正确处理的原则是把局部经济利益与全局经济利益统筹兼顾起来。为此，必须处理好经济效果与生态效果、局部效果与整体效果、当前经济效果与长远经济效果的关系，讲求整体效果最佳，为科学决策提供技术经济依据。

三、农业生产技术经济效果的评价方法

要评价农业生产技术应用的经济效果，就必须收集必要的数据，对各种技术方案进行比较、评价和选优。为此，必须选择适当的方法，包括获取数据资料的方法，数据分析方法和评价选优方法。这里，介绍评价工作中所采用的几种方法：

（一）调查研究法

调查研究法是科学研究中获取数据资料普遍采用的共同方法，也是技术经济评价中经常采用的一种方法。搞好调查研究，首先，必须确定调查的目的。要明确为什么要做调查，怎么做调查，收集哪些数据资料。其次，根据调查的目的，确定调查的具体内容，列出需要调查的项目及有关因素和事项。调查内容尽量详细具体，但也要有重点。最后，根据调查目的和内容，确定调查方法、对象和范围，拟定调查提纲，制定调查表格。每个调查项目的含义、范围、计量单位必须确切、明了。就调查研究进行的方式来说，有实地调查和通信调查；就调查范围来说，有宏观调查和微观调查。前者主要是从全国或省、市、区有关业务部门做调查，从统计资料中获取投入产出数据，因此，本质上是普遍统计调查；后者主要是向有关科研单位、推广单位、示范基点以及有关业务管理部门做调查，本质上是典型调查，主要是查阅实验资料、会计核算资料和科研管理资料，召开专业人员调查会进

行询问评估等。

（二）对比实验法

通常是以新科研成果或新技术方案为实验对象，以它所取代的原有成果或原有的技术方案做对照进行对比评价。因而它是获取技术经济数据，评价技术效果最重要和最可靠的方法。许多农业科技成果就是通过新技术方案与对照方案对比，逐步筛选而成的。而要进一步明确新技术成果比它所取代的对照技术有多大程度的技术先进性，生产条件的适应性到底怎么样，增益潜力到底发挥到什么程度，只有经过对比试验才能计算出来，才可以得知它的先进性、可行性和合理性。当然，实验方法是否科学，也取决于实验对象与对照技术的可比性和实验条件的代表性。

（三）比较分析法

比较分析法是技术经济效果评价中普遍采用的基本方法。即将调查或实验所取得的数据资料，通过一定的整理计算，用对比分析的方法进行各种技术措施或方案经济效果的评价。技术经济效果的对比是多方面的，例如，在几种技术措施间和不同地区、不同企业间可以进行平行对比；对不同组别、不同年份的经济效果可以进行垂直对比。进行对比分析时，必须注意指标间的可比性。例如，以实物形态表示的使用价值量和以货币形态表示的价值量，以及不同年份的价值量，由于价格不同，就缺乏可比性。生产成果为多种因素共同作用的结果，一项技术措施取得的最终效果是综合性的，因此在对比分析时必须注意各个因素之间的依存关系，通过分析找出最有决定性作用的因素，以得出对个别因素的调整和改进。分组法和平均数法是分析多种因素依存关系的常用方法。即将调查或实验取得的数据按照一定的数量指标和质量指标进行分组，然后用各组的平均数做对比的方法。

比较分析法不仅适用于事后总结实践经验的对比分析，而且适用于新的技术措施或方案经济效果的预测，有的称试算或预算分析法，由于试算分析往往要与一种标准方案相比较，国外又叫标准比较法或标准方案设计法，例如，某一技术措施或方案制订后，可以通过试算预计其经济效果大小，然后与标准技术措施或方案进行对比，就可预知在一定条件下某一技术措施或方案的经济效果。

比较分析法是技术经济效果中应用最广的方法，但它只适用于单项新技术成果或新的技术方案与其对照的经济效果比较。

（四）综合评价选优法

当多方案采用多项标准进行比较时，采用平行标准比较法显然很难判断对比方案的优劣，必须进行综合评价计分才能选出最优方案。

综合评价选优法是以多标准综合评分多少为判断方案优劣和位次的根据。这种方法有一个显著优点，就是先把各项指标的优劣综合起来，最后用一个数字表示新技术成果与其对照技术的情况，从而从总体上概括评价对比方案的优劣。根据具体需要，评分可采用百分制，也可采用五分制。根据各项评价标准重要性不同，确定它们的加权值，即给出每个标准占总分的比例。经过逐项指标分别打分，求出各项指标的加权得分，各项分数相加，即得出每个方案的总评分。综合评分比较后，哪个方案总分数最高，哪个方案就是最优方案。

农业生产技术经济活动中，要追求投入和产出的合理有效比例，要讲求经济效果。这是由资源稀缺和人类生产活动的目的所决定的。经济效果是劳动耗费或劳动占用与所取得的有用效果的比例关系。农牧业生产技术经济效果具有综合性、多样性、相关性、持续性、不稳定性和极限性的特点。对农牧业生产技术经济效果的评价要遵循把技术效果与经济效果统一起来的原则；把当前效果和长远效果结合起来的原则；把单项技术效果和综合技术效果结合起来的原则。同时采用定量分析和定性分析相结合的原则及方法，对农牧业生产技术效果进行分析和评价。

第五章 农业生态经济管理

第一节 农业生态经济管理的含义与原则

一、农业生态经济管理的含义

农业生态经济管理应包括计划管理与经济计划，计划管理是对农业生态系统的管理，经济计划是农业生态经济发展的计划。完善农业生态经济管理体系，要制定国家的农业生态经济标准和评价农业生态经济效益的指标体系，做出农业生态环境经济评价；要改革不利于农业生态与经济协同发展的管理体制与政策，加强农业生态经济立法与执法，建立农业生态经济的教育、科研和行政管理体系。农业生态经济管理包含宏观生态经济管理、中观生态经济管理与微观生态经济管理。

（一）农业生态经济宏观管理

宏观农业生态经济管理是根据生态经济规律的要求和我国农业现代化总体战略的需要，确立我国农业生态经济发展战略，制定以农业生态环境保护与建设产业化为中心的中长期农业生态经济管理目标，谋求建立农业生态（包括人口、资源、环境）与农业经济相互协调发展的模式，走出一条农业市场经济与生态经济紧密结合与协调发展的新路子。我们既要抑制农业经济活动对资源环境的过度需求，增加自然生态系统的总供给能力，努力调节好有限的日趋减少的农业生态资源和无限的日益增长的农业经济需求之间的矛盾，又要解决好不断增加的排污量和相对缩小的农业生态环境容量即有限的净化能力之间的矛盾，从而实现农业经济系统的总需求与农业生态系统的总供给之间的基本平衡，保持农业生态经济稳定、持续和健康发展。

（二）农业生态经济中观管理

中观农业生态经济管理是针对工业和城市发展对农业生态经济影响的管理，是我国农业生态经济管理的重点领域。它的主要目标是逐步建立起适应农业可持续发展要求的生态经济管理体系，加强对工业和城市大气、水体、固体废物和噪声污染的控制与治理，以及城市生态环境的综合整治，减缓环境污染对农业生态环境的威胁，使农业生态环境质量有所改善，逐步实现工业和城市经济、农业生态经济的协调发展。

（三）农业生态经济微观管理

微观农业生态经济管理是根据现代农业"优质优构低耗高效"的生产力发展规律的基本要求及现代农业总体发展的需要，科学组织农业生产力布局，寻求农业生产生态要素的最佳结合，优化农业生态经济系统结构，节约物化劳动和活劳动，提高农业资源转化率和可持续发展能力，实现最佳的农业经济效益、社会效益和生态效益的统一。在我国经济体制转变和经济快速增长时期，农业生态经济微观管理要着重完成以下具体任务：①按照我国农业可持续发展战略要求和市场需要，制定农业生态经济发展目标和规划，推进农户农业行为向生态经济模式转换；②建立农业生态经济管理相关制度，健全农业经营管理体制机制；③加强农业生态经济微观管理，把生态环境纳入农业管理的轨道，使农业管理由过去单一的管理农业经济系统转变为多样化的农业生态经济管理系统。

二、农业生态经济管理的特点

从一般意义上讲，农业生态经济管理是指农业经营者运用经济、技术、法律等手段，通过对农业生态经济系统的调节、控制，提高农业生态经济系统生产力，实现农业生态经济持续协调发展的活动。农业生态经济管理的内涵包括三个方面的内容：一是管理的主体与客体；二是管理的方式与手段；三是管理的目标与取向。但管理的核心始终是农业生态经济的协调发展。从本质上讲，农业生态经济管理就是要努力使农业经营主体的农业生态经济行为达到这样一种规范：既能使农业生态系统的物质、能量资源得到充分的开发利用，以满足农业经济增长的需求，又不超越农业生态系统自我稳定机制所允许的阈限，以维持系统的动态平衡和持续生产能力。这就是农业生态系统与农业经济系统的协调发展。很显然，农业生态经济管理的深层含义正是寓于农业生态经济协调发展的命题之中。

作为生态经济管理系统的重要组成部分，农业生态经济管理自身是一个有着独特运行方式和作用机制的开放系统。根据系统功能原理，农业生态经济管理系统具有进展交替、协同扩张、循环增值等功能，主要体现在系统的要素构成秩序及其与外部环境之间的物质、能量和信息的输入与输出的转换能力与交换关系之中。具体来说，农业生态经济管理的特点包括如下几个方面：

（一）质态协调

主要反映农业生态系统与经济系统在微观层次上互相协调的一种关联状态。这种关联状态的表现形式是农业技术、经济、生态联系的统一。农业技术联系是具有一定科学知识的农业劳动者和机器相结合而作用于农业生态系统创造的生产力，表现为物资流和劳动流。农业经济联系是农业生态经济系统各组成要素由农产品生产到消费经过的分配、流通、交换等环节的劳动补偿，表现为商品流和价值流。农业生态联系是组成农业生态经济系统的生物—环境—农业经营者三者之间的能量传递和物质补偿，表现为能量流和物质流。而与这些流同步循环的还有信息流。正是这些物质流、能量流、价值流、信息流将农业生态系统与经济系统有机联系起来，由此形成能够自我调节、自我修复的组织能力。质态协调，旨在协调和加强农业生态系统与经济系统之间的循环增值功能，促进农业生态经济系统内部的良性循环。

（二）量态协调

主要指农业生态经济系统各构成要素之间在数量配比上的协调。农业生态经济系统的投入产出物，都是系统在特定的属性组合方式下共同作用的结果，只有系统诸要素组合有序、结构合理，才能保持农业生态经济系统的持续生产力，这是量态协调的第一层含义。第二层含义是指人们对于农业生态系统的干预调控。对于自然资源的开发利用必须有一个数量界限即适合度问题。农业生态经济管理就是通过调整农业经营主体的生态经济行为，达到或者是"逼近"农业生态经济的最适度。

（三）空间协调

主要指农业生态经济系统在地域空间上的分布和协调。不同地区由于自然条件、资源状况、生产力水平、社会发展程度等方面的差异，形成功能各异的区域农业生态经济系统，不同区域的农业生态经济系统的管理方式、手段、措施等不尽相同。因此，农业生态经济管理的空间协调，就是要根据农业生态经济区划原理和要素配置方式变化的要求，自觉地、科学地选择和控制农业生态经济系统要素的空间组合方式，加速要素位置的合理转移，以获得经济上的互补与生态上的共生之实效。

（四）时间协调

主要指农业生态效益与经济效益的同向运行与协调。由于农业生态效益与经济效益被激发的条件不同，各自遵循的运动规律不同，再加上形态特征的差异，在时序上二者往往是不同步的，或者是不一致的。时间协调，一方面是要在农业生态经济管理活动中，正确地运用农业生态经济规律，处理好农业生产过程中生态效益与经济效益的辩证关系，并使之相互促进、同向增长；另一方面就是要在兼顾农业生态效益与经济效益的基础上，不断弱化农业生态效益阻滞农业经济发展的负效应，减少农业经济效益的衰落性递减波动，强化农业生态效益促进农业经济发展的正效应，保证农业生态经济效益的持续稳定提高。

三、农业生态经济管理的原则

（一）可持续原则

农业可持续发展是指在一定的农业区域内，以农业自然资源得以持续利用和环境承载能力不断提高为目标，既能满足当代人对农产品的需要，又不损害后代人满足其需求的能力；既满足一定区域内的人群对农产品的需求，又不损害其他地区的人群满足其需求能力的一种农业发展方式。农业可持续发展强调区域内农业经济、农业生产、农业资源环境、农村社会和农业技术五个方面的协调与统一发展。农业可持续发展的核心是在合理利用农业资源的基础上，采用适宜的农业技术，提高农业生产效率，同时兼顾环境的保护与保持，从而不影响后代发展的需求及长远的发展目标。

（二）系统性原则

系统性原则也称为整体性原则，它要求把决策对象视为一个系统，以系统整体目标的优化为准绳，协调系统中各分系统的相互关系，使系统保持完整与平衡。因此，在决策时，应该将各个小系统的特性放到大系统的整体中去权衡，以整体系统的总目标来协调各个小系统的目标。农业资源与环境是多因素、多结构、多功能的综合体，其组成因素构成相互依存、相互制约的有机整体。农业区域开发必须根据自然条件与自然资源的空间分异及社会对农产品多方面的需求，综合开发并形成产业，实现以经济效益为中心的三大效益的统一。

（三）互补原则

差异是互补的基础，不同地区农业发展的阶段不同，其在农业资源、技术、人才、劳动力、市场管理等要素上的差异，使得彼此之间进行农业合作可以互利互补。互补原则要求在农业生态资源调度、技术引进、人才流动、劳动力分配、市场管理等方面坚持优势互补、全面发展、产业升级的原则。

（四）适度原则

适度原则是指事物保持质和量的限度，是质和量的统一，既要防止"过"，又要防止"不及"，通过采取正确的方法，使实践活动取得成功。农业生态经济管理中的适度原则是指人们在一定的环境和社会经济条件下，实现各生产生态要素（包括劳动、资本、土地、水资源等）的最优组合，其核心是适度规模发展，其实质是使生产生态要素配置达到最佳的综合效益。

（五）效率原则

效率原则的基本含义是：经济组织在行使其职能时，要力争以尽可能短的时间、尽可能少的人员、尽可能低的经济耗费、办尽可能多的事，取得尽可能大的社会效益、经济效益。现阶段，我国农业管理体制虽经几次改革，管理职能得到逐渐加强，但由于多方面的制约，现行农业管理体制还很不完善，部门分割和管理脱节严重，形成政出多门、程序烦琐、成本高、效率低的管理情况，已到了深入改革的关键时期。只有不断完善农业生态经济管理体制机制，才能使农业生态经济发展效率得以提高。

（六）协同原则

协同原则是指由于协同作用而产生的结果，是指复杂开放系统中大量子系统相互作用而产生的整体效应或集体效应。农业生态经济协同管理的目的在于通过审视农业生态产业链的各个环节，对照其价值链进行分析，识别出高附加值环节、低附加值环节和零附加值环节，尽量减少无附加值环节，保留并强化高附加值环节，从而获得产业链的增值。

第二节　农业生态经济管理的重点领域

一、人口管理

农村人口是农村各种经济、社会、文化活动的主体。农村人口的变动和发展，对农村乃至整个中国社会的发展有着根本性的影响。同时，农村人口问题又与农村社会治安、社会保障、农村教育等问题存在紧密联系。因此，在当前中国社会发生急剧变化的背景下，加强对农村人口的管理显得尤为迫切和必要。

（一）人口管理的概念

农村人口管理就是农村基层政府对人口变动和人口发展进行决策、计划、组织、指挥、监督、调节等一系列活动的总和。农村人口管理是一项综合性很强的管理活动。首先，要根据农村人口的现状以及未来发展变化的趋势制定出一套方针政策；其次，是根据人口与资源环境、经济、社会等方面的关系，对人口发展进行管理，使人口的发展顺利进行，并且使人口发展同其他方面的关系得到协调。农村人口管理是由政策的制定、实施、监督、反馈、调节等一系列活动组成的一个完整过程。农村人口的管理是一个十分复杂的问题，只有把这些相关活动作为一个整体来进行管理，才能解决好这个问题。全面理解农村人口管理的含义，必须明确以下几点：一是农村人口管理的主体是乡镇政权机构及各职能部门，即以行政隶属关系和行政命令手段来进行管理；二是农村人口管理的客体是农村人口，农村人口是相对城市人口而言，它泛指居住在农村地区的人口，是居住和生活于农村社区的一定数量的人的总称；三是农村人口管理是一个长期的过程，这是由农村人口存在和发展的规律所决定的。尤其是在我国，农村人口将长时间大量存在，只要存在农村人口，就存在农村人口的管理问题。

（二）人口管理的基本内容

农村人口管理活动是一项目的性很强的活动，就是为了达到一定的社会发展目标，对人口发展进行计划或控制，以保证既定目标的实现。另一方面，由于个人生命的有限性，整个人口的发展也呈现一定的阶段性，每个人都会经历出生、死亡、婚姻、生育、迁移流动等过程。与农业生态经济管理相关，并为了实现某一特定目的的农村人口管理，具体表现为人口计划管理、计划生育管理、人口登记管理和统计管理、流动人口管理等各个方面。

1. 人口计划管理

人口计划管理是对农村人口发展进行计划和规划，使人口发展与生态环境、经济发展计划及规划相协调。农村人口计划管理是农村地区在国家计划的指导下，从本地区的人口状况出发，在分析影响未来人口发展诸因素的变化和实际可行性的基础上确定的人口计划。它应该既保证完成国家人口计划提出的任务，又符合本地区的实际情况。人口计划可分为短期人口计划、中期人口计划和长期人口计划。短期人口计划主要是年度计划，一般低于3年；中期人口计划一般是 5 ~ 10 年；长期人口计划一般超过 10 年。

2. 人口生育管理

人口生育管理不单单是有计划地控制人口数量，更重要的还应包括提高人口质量，改善人口结构，使人类自身繁育在数量、质量、结构等方面逐步适应社会发展的客观要求。控制人口数量，是人口生育管理工作的基本目标，而提高人口质量是人口生育管理工作的最终目标。

3. 人口登记与统计管理

人口登记与统计管理的主要内容有：①人口登记管理。包括出生与死亡登记、婚姻登记、迁移登记等。②人口身份登记管理。③人口统计管理。即在一定时间和地点对人口数量进行统计，配合国家做好各项人口调查统计。④人口信息管理。即人口数据、资料的收集和利用等。

4. 流动人口管理

流动人口管理的主要内容有：①流动人口居住管理。包括流动人口的租房管理和买房管理。②流动人口的就业管理。③流动人口的综合治理。

5. 人口资源管理

人口资源管理的主要内容有：①人口数量管理。要求准确掌握人口总量、人口分布、人口流动迁移等基本动态指标。②人口素质管理。要求对农村中残疾人口所占的比重、青少年身高和体重，农村文盲率、就学率，每万人所拥有的医生数、床位数，人均卫生费，人均食用肉类、奶类、食物数，卫生用水，人均住房面积，体育、文娱事业的普及程度，环境污染情况，电视、书刊、报纸等数量进行统计和管理。③劳动力资源管理。该项管理的目的是实现劳动力在各地区、各部门及各行业之间的自由流动。

（三）人口管理的意义

不断加强和完善人口管理，使人口发展从无序走向有序，实现与社会经济的协调发展，具有十分重要的意义。

1. 有利于实现农村人口与环境的协调发展

人口增长必须与环境资源保持一定的平衡，否则就会出现人地关系紧张，导致生态系统失去平衡。

2. 有利于整个社会的稳定发展

在农村人口占绝大多数的中国，农村的稳定对社会的稳定有着举足轻重的作用。有效地进行农村人口管理，能够缓解农村流动人口数量增多、速度加快以及农村职业分化加剧带来的不稳定因素，从而为整个社会创造一种协调、稳定的良好氛围。

3. 有利于解决各种人口社会问题

合理的人口管理有助于解决人口数量和质量问题、种族人口问题、民族人口问题、婚姻家庭问题、人口老龄化等问题。

二、资源管理

（一）资源管理的内容与特点

1. 资源管理的内容

农村资源管理是人们在开发利用资源的过程中逐渐形成的。农村资源管理既包括自然资源中的可更新资源的恢复和扩大再生产以及不可更新资源的合理利用，又包括社会经济资源中的社会、经济、技术等方面的质量管理。农村资源管理当前遇到的问题主要是自然资源使用不合理和浪费严重，社会经济资源开发利用与管理没有引起人们的高度重视。资源的不合理使用是由于没有谨慎选择资源使用的方法和目的，浪费资源是不合理使用资源的一种特殊形式，不合理使用和浪费资源有两个结果，即"掠夺"和"枯竭"。因此，有必要合理利用现有农业资源，并尽力采用对资源环境危害最小的农业生态经济发展技术。同时，根据土地、气候、水、生物等自然资源以及人口、劳动力、物质技术装备等社会经济资源的量化价位，来设计一个新的农村生态经济管理系统。

2. 资源管理的特点

一是农村资源管理的差异性。由于地理位置、人类活动方式、经济发展水平和环境质量的好坏，资源问题存在明显的地区差异性。二是农村资源管理的综合性。现代资源管理是资源科学、管理科学、管理工程交叉渗透的产物，具有高度的综合性。这种综合性表现在两个方面：一方面是管理对象和内容的综合性。农村资源管理包括自然资源和社会经济资源的管理，是由资源、环境、科技、政治、法律等要素共同组成农村资源管理系统。另一方面是资源管理手段的综合性。资源管理的实质就是合理利用现有农业资源，以取得最大的农业经济、生态和社会效益。对降低或损害农业资源经济效益的行为要加以限制或禁止，对维护和提高农业资源经济效益的行为则应加以鼓励，这种限制、禁止或鼓励要采取经济、法律、技术、行政、教育等多种手段，都要加以综合运用。三是农村资源管理的全民性。农村资源及其环境质量，是农村经济持续发展的物质基础，直接影响着农村生产水平、农产品质量及人体健康。农村资源管理活动如果没有公众的合作是难以解决的，如保护农业水资源、珍惜每寸土地、节约农村能源、尽量采用无废技术开发利用农业资源、维护农村资源生态系统的生产能力等。因此，农村资源的环境管理不能单凭技术，还要广泛动员群众，通过资源保护教育，推广有效的群众监督管理组织形式，不断总结经验，加强群众参与资源管理工作的积极性。

（二）资源管理的关键问题

在农业生态经济发展的资源管理中，资源效益问题、环境质量问题、管理方法问题是几个重要的关键环节。

1. 资源效益问题

农业资源管理的目标是最大限度地追求资源效益。农业资源效益包括农业资源的利用率、可再生资源的永续利用、可循环使用资源的重复利用率、可综合利用资源的综合率、耗竭性资源注销后的场地复垦和二次回收等。农业资源效益与国家经济和社会发展密切相关，有很大的环境影响作用。另外，一些带来经济繁荣的政策往往也在破坏资源效益，使得有些资源开发利用从方针上置资源效益于不顾，后果极为严重，如矿产资源上的"有水快流"。

经济效益、社会效益和环境效益并不总能体现资源效益。在讲经济效益、社会效益、环境效益三者统一时，应当对贯穿其中的资源效益做出明确的解释。在现代农村资源管理中，在讲三个效益的基础上，应增加一个资源效益，即经济效益、社会效益、环境效益、资源效益四者统一。在考核农业经济效益的同时也要考核资源效益，并建立相应的农业资源效益考核指标体系，确保合理开发利用农业资源。有关资源效益指标应由资源管理部门制定，或者由有关产业部门制定，经资源管理部门审批。资源效益与经济效益、社会效益、环境效益有一致的方面，也有不一致的方面，特别是在短期经济行为比较严重的情况下，经济效益与资源效益有时很不一致，甚至是互相对立的。若追求近期经济效益，不顾资源效益，将不利于农业生态经济持续、稳定、协调发展。

2. 环境质量问题

许多发达国家开始把注意力从资源管理转向经济增长所需的物质资料的基础设施，转向非有形资源问题，也就是关注环境质量和生活质量。随着社会经济的发展，环境质量问题已成为我国农村资源管理中的一个关键问题。资源在环境中包括许多方面，而不是原来所认为的仅仅是资源本身。这样，就出现了环境美化工作、自然保护区、动植物学会等。这种认识上的改变，在农村资源系统管理上有两方面的意义：一是资源在农村生活各个方面的适用性和必要性都要做适当的考虑。因为农业资源管理不善与利用不合理，不但造成资源浪费，而且还会引起农业生态环境恶化，降低生活质量。二是某些地区的部分资源相对另一些地区更加传统性的资源来说，似乎是无形的。现阶段的农业资源管理在总体结构和农村荒地开发利用上，似乎是体现其自身的特有权利。由于环境质量成为资源管理中的一个关键问题，因而使农村资源决策的目标得到了进一步扩展。传统目标在资源分配和发展中，在很大程度上是基于成本－利益的估价上，现阶段决策者已着手把货币估价方法放在抽象资源上，例如，荒地的利用、未开发地区的生活方式以及环境质量等。在农村资源管理中，社会与环境因素常常与资源分配及管理中争论的经济问题相联系，会受到政治以及市场的干预。因而，在现阶段农村资源管理决策目标中，应重视和加强资源环境保护工作，把资源环境质量问题作为制定农村资源管理战略的考核标准之一。

3. 管理方法问题

农村资源管理在解决各种农村资源问题的过程中，需要运用科学的方法，寻求解决农村资源经济问题的最佳方案。农村资源管理的一般程序分为五个阶段，各步骤可采用不同的方法进行，这些步骤之间相互关联，但并非总是依次进行的。

在农村资源管理过程中，经常要进行各种资源的供应与需求以及资源的流向与流量方面的预测。预测过程是在调查研究或科学实验基础上的科学分析，包括通过对过去和现状的调查和科学实验获得大量材料、数据，经过分析研究找出能反映事物变化规律的真实情况，借助数学、电子计算技术等科学方法，进行信息处理和判断推理，找出可以用于预测的规律。农村资源管理预测就是根据预测规律，对人类经济活动中的资源数量与质量的动态变化进行预测。预测技术或称预测方法在资源管理中的应用日益广泛。经常应用的预测方法有：一是定性预测法。如农村人口、劳动力资源的素质预测，土地、水资源的质量预测等均可采用定性预测法。二是定量预测法。如农村土地资源利用预测、水资源需求量预测等一般采用定量预测法。

没有正确的决策也就没有正确的农业资源政策和资源开发利用规划。当前一些国家或地区农村资源之所以出现萎缩，短缺矛盾日益突出，其主要原因就是资源管理决策失误，造成资源破坏退化与枯竭。从农业资源开发利用和保护管理决策来看，分为战略决策和战术决策。战略决策是指为了农村的长期发展，确定资源开发利用的经营目标和经营方针所做的决策（长期规划）。战术决策是指为了实施战略决策，对各种农村资源的分配利用所做的决策（短期计划）。此外还有资源政策的决策方法，以及资源质量管理的决策方法等。经常遇到的决策是农业资源开发利用规划方面的决策。

（三）资源管理的运营原则

1. 整体性原则

农业资源管理系统是由农业资源开发、资源利用、废弃物排放三方面组成的一个大系统，在管理上要以系统分析的原理和方法为指导，注重三方面的利益与自然生态环境的协调统一。

2. 协调共生原则

农业生态系统各子系统之间和各生态要素之间相互影响、相互制约，不仅影响到系统的稳定性，而且直接关系到系统的结构和整体功能的发挥。因此，在农业资源管理中必须遵循协调共生的原则。共生是不同种类的子系统合作共存、互惠互利的现象，在农业生态系统中，指正确利用不同产业和部门之间互惠互利、合作共存的关系，合理地进行农业产业结构调整和生产力布局。其结果是所有共生者都大大节约了原材料、能量、资金和运输量，系统获得了多重效益。协调共生就是要保持各利益相关部门的有序、协调和合理组织，使系统效益最优。

3. 反馈原则

系统发展一般都受两种机制控制。一种是正反馈，它导致系统的无止境增长；另一种是负反馈，它使系统不断衰退。正负反馈作用相当时，系统维持在稳态，一般来讲，系统发展的初期正反馈占优势，晚期则负反馈占优势。在农业资源管理中需要不断增强正反馈，修正负反馈，使系统向良性的方向发展。

4. 循环原则

物质的循环是农业生态系统的基本功能。农业生态系统在长期的生态演替中形成了高效稳定的循环体系，保障了系统的健康发展。农业资源的生态管理就是要构建资源流在整个系统中的良性循环，使农业生态系统与经济系统得到协调发展。

5. 和谐发展原则

发展是一种渐进的、有序的系统发育和功能完善的过程。系统演替的目标在于功能的完善，而非结构或组分的增长；系统和谐发展原则就是保持农业经济效益、社会效益和生态效益的协调统一。

三、环境管理

近年来，农村城市化进程加快及乡镇企业的快速发展，给农村环境管理带来了新的问题。保护和改善农村环境，加强对农村环境的管理和立法，对促进农业生态经济的持续发展，具有十分重要的意义。

（一）农村环境管理的内容

环境管理是通过对人们自身思想观念和行为进行调整，以达到人类社会发展与自然环境的承载能力相协调的管理过程。也就是说，环境管理是人类有意识的自我约束，这种约束是通过行政的、经济的、法律的、教育的、科技的手段来进行的，它是人类社会发展的基本要求和根本保障。对农村而言，环境管理不到位，就会严重破坏农村生态环境，污染农村人居环境，给农业生态经济发展造成影响。农村环境管理的内容可分为四个部分：

1. 农村自然资源的环境管理

自然资源通常是指在一定技术、经济条件下人类所能开发的资源。农村自然资源的环境管理就是促进其合理开发和保护，以便为农业生态经济发展奠定良好的资源基础。

2. 农业生产的环境管理

农业生产污染指农业生产自身产生的污染，主要是由于不适当地使用农药、化肥、农膜等造成对土壤、大气、水体及农副产品的污染，也包括农业结构、布局不合理等造成的生态破坏。农业生产污染的环境管理，就是要解决农业生产过程中造成的环境污染和生态破坏，消除其对农业生态经济发展的不利影响。

3. 乡镇企业的环境管理

乡镇企业对农村环境的污染与日俱增，要通过监督管理使其污染与危害得到有效控制。

4. 农村生活的环境管理

农村生活环境指农村人口集聚的小城镇和村落的周边环境，包括饮水、用电、交通和通信四个方面。农村生活环境管理就是要促使乡镇、村落等的合理规划及综合整治，加强"美丽乡村"建设。

（二）农村环境管理的措施

1. 提高环保意识，规范环境管理

一是增强广大农民的环保意识。各村要根据实际情况，研究制定出"环保公约"，对有损村容村貌的不文明行为做出明确规定，如农户产生的垃圾不允许在房前屋后和路边随意堆放，要倒入垃圾箱或指定位置。二是提高乡镇企业家的环保意识和环境管理能力。采取法律、经济、行政、技术和教育等诸多方式，对乡镇企业家进行培训，提高他们的环保意识，从而达到限制和防止乡镇企业破坏环境的行为。三是提高乡村领导干部的环保意识。乡村领导干部是上级政策的执行者与推动者，他们的环境意识提高了，就会用科学的态度指导和教育农民群众。可以通过培训、考察、参观等形式，增加他们的环保知识，积累实践经验，从而更好地指导本地区的农村环保工作。

2. 加强村庄规划，进行合理整治

一是科学确定村庄整治的对象。从我国村庄数量大、规模小的实际情况出发，面对农村人口逐步减少、资源投入有限等状况，集中力量整治中心村，增加必要的生产、生活和环保设施，引导农民逐步向条件较好的中心村集中。二是明确村庄整治的主要内容，扎实推进村庄人居环境治理。要把重点放在乡村道路规划上，同时建设配套的供水设施、排水沟渠及垃圾集中堆放点。此外，要清理村内闲置宅基地和私搭乱建房屋，治理人畜混杂和露天粪坑，建设村庄防灾设施与公共消防设施等。三是创新村庄整治的组织机制与后续管理机制。从建设社会主义新农村和"美丽乡村"的目标要求出发，逐步建立和完善村庄建

设的管理机制，是保证搞好农村人居环境治理工作取得成效的关键，更是农村人居环境得到持续改善的制度保证。村庄整治的管制机制包括以下具体内容：第一，村庄整治的调控引导机制。各级政府通过编制县域村庄整治选点规划和制定村庄整治指导性目录，科学确定村庄整治的帮扶对象和内容，把握村庄整治的方向，调控村庄整治的力度和范围。第二，村庄整治的实施组织机制。重点是建立起农民主体、民主决策、社会支持、技术指导、农民利益保护、监督检查的机制，切实保护农民的环境权益，引导农民积极参与村庄整治。第三，农村人居环境整治的长效机制。这包括村庄规划建设管理机制、农村公共设施建设运行维护的多元化投资体制、公推民选的驻村指导员制度、农民骨干培训制度等。

3. 完善公共设施，抓好安全建设

一是要加大农村环保和村容村貌建设的资金投入，加强农村基础卫生设施的建设，使每个村庄都逐步达到"六有"，即有路灯、有公厕、有垃圾箱、有垃圾运输车、有垃圾堆放场、有清洁服务队。只有这样，才能解决村民乱倒垃圾的问题，从根本上改善农村的卫生面貌。二是防止山洪、泥石流等灾害对村庄的危害，加强水利、公路桥梁建设，加强农村消防宣传工作，提高村民消防安全意识。

4. 治理农村污染，促进生态循环

在治理农村工业污染方面，要坚决淘汰落后的高污染企业，逐步实现农村工业集聚。并以集中供热，集中治污为突破口，以清洁生产为重点，大力发展农村循环经济。在治理农业污染方面，要想方设法在更高层次上重建农业经济循环模式，指导和帮助农民合理使用农药、化肥，积极采用生物农药和生物防治技术，实现生态种植、养殖，减少种植和养殖所带来的污染。

5. 加强法治建设，提高执法能力

环境保护是我国的一项基本国策。严格执行农村环境保护政策和法规，是环境保护工作的中心环节。为此，必须加强农村环境保护的法治建设，完善农村环境保护的法律法规，从法律制度上保护农村环境不受污染。此外，还必须加大农村环境保护执法监督力度，使环境执法与群众监督、人大政协监督、社会舆论监督有机结合，切实提高农村环境执法能力。

6. 完善管理体系，加大环保投入

在完善农村环境管理体系方面，一是要建立健全县、乡两级环境管理机构，培养专门的农村环保人才，使农村环境管理由单纯的"管、卡"变成"引、帮、促"及服务工作。二是要发动村民参与，利用村民自身的力量进行农村环境保护。村民参与主要表现在"决策、行动、受益、监督"四个方面，村民有了参与决策的权利，就可以在决策中表达出自己的想法和愿望。为了保证乡村可持续发展决策的严格执行，村民有必要对村干部的行为进行监督，最大限度地保证资源合理开发和环境保护政策得到实施。此外，必须加大农村环保投入。农村环保投入的实质是对农村生态环境的一种补偿，是实现农村环境质量改善的重要保证。为此，要积极拓展农村环境保护资金投入渠道，设立农村环境保护基金，用于专门解决乡（镇）、村环境治理，重点解决所辖地区污水和生活垃圾的处理。

第三节　农业生态经济管理的主要手段

一、行政手段

（一）行政手段的必要性

农业生态行政管理是农业生态经济管理的中心环节，对农业生态经济管理具有主导作用。所谓农业生态行政管理，是指政府按照统筹人与自然全面、协调、可持续发展的要求，遵循农业生态规律与经济社会规律，依法行使对农业生态环境的管理权，全面确立政府加强农业生态建设、维持农业生态平衡、保护农业生态安全的职能，并实施农业生态环境综合管理的行政行为。

第一，加强农业生态行政管理是应对农业生态危机的需要。由农业生态危机所引起的各种问题深刻而普遍，它不可能仅靠科学技术来解决，更不可能单纯依靠市场法则来解决。其全局性、综合性、历史性、长期性决定了农业生态问题是人类面临的重大公共问题，必须由政府出面，整合各个方面的资源，设计农业生态环境管理公共政策，履行政府农业生态环境管理公共职能，加强农业生态环境公共管理，才有望得到解决。

第二，加强农业生态行政管理是农业生态经济发展的客观要求。随着农业生态危机的日益加剧，市场和消费者在农业生态安全方面的需要正在逐步提高，环保这根"指挥棒"使农业经济发展越来越生态化，传统市场经济正在向生态市场经济发展。世界贸易组织一方面不断要求各国政府降低关税，提高市场开放度；另一方面又高筑"绿色贸易壁垒"，不符合环境标准的物品不准进入贸易领域，而且标准越来越多，范围越来越宽。在国际市场上，无公害农产品、绿色食品、有机食品的价格，高于其他农产品。现代农业科技所带来的农产品高附加值，也越来越体现在农业生态功能上。政府要履行促进农业生态经济发展的职能，就必须顺应这一趋势，运用政策手段、行政手段和示范手段，引导农业经营者发展绿色农业和农业生态经济。

第三，加强农业生态行政管理是政府自身改革的需要。我国政府行政管理体制虽然经过几次比较大的改革，但在许多方面还不能适应社会主义市场经济体制的要求，不能适应国际政治经济生态化的发展趋势。农业生态行政管理体制改革的核心是转变政府职能，全面履行农业生态经济调节、生态市场监管、生态社会管理、公共生态服务职能，尤其是要加强农村生态社会管理和公共生态服务职能，形成行为规范、运转协调、公正透明、廉洁高效的农业生态行政管理体制机制。

第四，加强农业生态行政管理是政府创新的需要。行政管理从适应于计划经济转变为适应于社会主义市场经济的一个重要标志是从以管制为主转变为以服务为主，建设服务型政府。而从适应于向自然界索取资源的传统工业化社会的行政管理转变为适应于人与自然和谐相处、可持续发展的行政管理，其重要标志是从部门管理为主转变为综合协调为主，建设生态型政府。这也是农业和农村经济生态化、绿色化发展的客观需要。

（二）行政手段的基本原则

农业生态行政管理是全新的管理理念和管理制度，这就要求政府明确农业生态行政管理的原则，指导农业生态行政管理实践。

1. 科学原则

要综合运用多学科研究成果，将农业自然科学与农业社会科学有机融合，找到农村人与环境、农村社会与自然、农业生产力与农业生态资源的平衡点。

2. 积极原则

农业生态行政管理的目的不是限制农村社会经济的发展，而是积极推动农业可持续发展。农业生态行政管理是一种新形态的发展行政，是按照农业生态规律行事的农业行政管理。

3. 整合原则

农业生态行政管理是连接农村经济社会各个层面对农业生态诉求的一个中坚力量。农业生态行政管理要立足于整合农业生态资源，致力于协调人与自然的关系。农业生态行政管理不是哪一个部门的管理工作，而是整个政府的基本任务。

4. 弹性原则

农业生态行政管理面对的是许多不确定性的复杂系统，如农业生态系统退化的阈值，农业生态功能与人类利用的临界点，研究开发替代农村能源的边际效用等。农业生态行政管理只能以一定的弹性应对这些不确定性。

5. 反馈原则

农业生态行政管理不仅要具备足够的管理弹性，以适应农业生态的生物物理状态的多变性、人类认识和改造自然的能力的提高，以及人与自然关系的调整等，而且还需要不断进行自身的修复、改善，即管理者从自己的工作经验中学习、提高，从错误中吸取教训，修正谬误。因此，农业生态行政管理应该是一个具有反馈功能的、可灵活调节的、非僵化非线形的系统。

（三）行政手段的实现途径

农业生态行政管理的目标是以科学为依据，以法律为基础，以政企分开为切入点，以农业生态环境治理为重点，形成机构人员网络化、管理职能集合化、政策措施配套化、执法工作程序化、管理方式信息化的有机整体管理架构，并形成统一协调与各负其责结合、预防为主与治理应急结合、中央宏观调控与地方微观管理结合工作方式。其要点是：

1. 建立与市场经济相适应的农业生态资源管理制度和农业生态行政管理体制

政府中负责农业生态政策决策的机构与管理农业生态资源配置的机构要分开设立。决策部门主要负责农业生态宏观管理，不承担农业生态资源的利用和增值职能。国家应专设农业生态资源监督管理机构，作为政府法定机构，实行类似"证监会""国资委"的管理运作方式，负责组织农业生态资源的综合调查、评估、规划和指导综合开发利用，根据农业经济政策以及有关农业生态资源的稀缺状况，对一些重要的农业生态资源实行统一规划、集中管理。但是，政府的这个法定机构一般也不直接负责经营农业生态资源。

2. 坚持依法行政，落实农业生态保护一票否决制度和一把手负总责制度，实现政府管理的整合

各级政府及其所有部门都肩负农业生态行政管理的重任。中央政府对全国的农业生态行政管理负责，地方政府既要对本地区的农业生态行政管理负责，同时也要服从全国农业生态行政管理。为了切实加强对全国农业生态管理综合协调能力，建议在中央政府设立一个直接为总理服务的农业生态管理办公室。在一级政府内部，要建立由主要负责人主持的、各有关部门负责人参加的农业生态行政管理联席会议制度，交流信息，充分研讨，监督农业生态管理的各项法律法规政策的执行，促进农业生态经济各类计划间的配套衔接与运行。

3. 提高农业生态行政决策科学化水平，有效降低决策失误率

为保证决策的正确性，需要建立三道"保障线"。第一道是决策民主。重大决策要启动民主决策程序，包括举行行政听证、专家咨询、国际合作等。第二道是决策反馈。根据农业生态行政决策在执行过程中出现的正效应、负效应，随时做出反馈和调整。第三道是决策评估。为了对重大建设项目决策的农业生态效果进行评估，必须建立综合考核制度，农业生态环境的评价指标体系，以量化考核农业生态状况。

4. 注重农业生态行政管理理论研究

研究农业生态行政管理，要组织多学科专家和实际工作者，从相关学科的前沿领域出发，走交叉、协同的新路，探索农业生态行政管理的基本规律、职能模式、运行流程、发展方向等重大理论和实践问题，为农业生态行政管理提供理论指导。

二、法律手段

（一）法律手段的内涵

长期以来，我国一直习惯采用行政手段管理农业和农村环境，而如何运用法律手段管理农业和农村环境，这是我国社会主义法治建设中出现的新课题。应当说，近些年，我国的环境立法和环境司法工作均取得了不少成就，但也有不少地方单位出现有法不依、违章办事的情况。农业生态建设不仅需要农业生态法律理论的创新，更需要具体农业生态法律制度的健全和完善。农业生态法是综合性极强的法域，它涉及农业法、民商法、经济法、行政法、刑法、诉讼法等诸多领域。因此，农业生态法律制度建设也必须综合治理，多管

齐下。

法律手段是管理农业生态经济的关键环节。首先，要加强农业环境立法，把现有的比较成熟和符合实际需要的各种农业生态环境保护的路线、方针、政策和措施以法律形式固定下来，做到有法可依、有章可循。其次，要加强农业环境司法体制的研究和建设，这是有法必依、执法必严的前提。同时，还要加强农业环境法律的宣传教育工作，这是人们自觉守法的必要途径。法律手段是行政手段和经济手段的准绳和保障，离开行政手段和经济手段的配合和具体运用，农业环境法律的规定也将成为一纸空文。在实践中，一定要把行政手段、经济手段和法律手段结合起来，把行政责任、物质利益和法律责任挂钩，同时辅以必要的宣传教育和工程技术等手段。只有这样，才能真正把农业和农村环境管理工作做好，实现农业环境效益、经济效益和社会效益的统一。

（二）法律手段的作用

法律手段是指把农业环境管理比较成熟、比较定型的带有成熟性的政策原则、制度和方法，由国家以法律的形式规定下来，作为调整国家各级农业环境管理部门、企事业单位和个体生产经营者之间在农业环境管理活动中产生的各种社会关系的法律规范，并由国家的强制力来保证实施。法律手段的最主要特点是具有强制性和相对稳定性。

法律手段在农业生态经济管理过程中发挥着重要作用，主要表现在：第一，它明确规定了社会组织和农业经营者的行为，引导他们按照社会主义经济规律和农业生态平衡规律的要求进行活动，使农业农村环境管理工作朝着有利于农业经济建设和环境保护协调发展的方向进行；第二，依照这种作为农村社会规范的农业环境法律，人们可以预先估计到他们互相间在农业环境管理活动中将如何行为，以及国家对这一行为的反应和态度，便于促使社会组织和公民个人自觉按农业环境法律规定的要求办事，同时为国家进行宏观的农业环境管理和农业经营者制定具体的环境管理规划、准则提供可靠的依据；第三，农业环境法律为人们提供了一个用来判断某种行为是否合法的较为客观且稳定的标准尺度。

（三）法律手段的类型

1. 管制型立法

从调整手段上看，传统环境法主要是"管制型立法"，即主要依靠行政主管部门的管制手段来加强环境保护工作。随着社会经济的不断发展和政府治理方式的不断改进，在传统命令控制式的管制手段之外，在农业生态环境保护领域越来越多地出现了以激励引导为取向的促进式手段。所谓"管制型立法"，也称为"管理型立法"，是为了应对市场失灵而引入的政府宏观调控或政府干预手段，从而对经济和社会生活予以管理的立法模式。这种立法模式强调政府强制性和命令性以及相对人的义务和服从，是一种传统的立法模式，符合现代政府管理职能张扬的理念，容易被政府、社会接纳。管制型立法主要是通过行政规制的方法让农业生态经济发展有规则地运行，其具体措施包括强制、限制、禁止、监督、检查、惩戒等，强调权利、义务与责任的对应，即权利的享受以义务的承担为条件，履行义务就要承担相应的法律责任。

2. 促进型立法

相对"管制型立法"而言，"促进型立法"是一种新型立法模式。它通常是针对那些社会关系尚未得到良好发育、市场规模并未形成而急需鼓励形成市场规模的领域，采用大量的任意性规范、授权性规范和鼓励性规范。促进型立法主要是通过引导的方法鼓励农业生态经济的发展，其具体措施主要包括指导、鼓励、扶持、推动等。比如金融政策优惠（如低息贷款）、财政政策优惠（如财政补贴、财政转移支付）、税收政策优惠（如税收减免）、竞争政策优惠（如垄断适用的排除）、产业政策优惠（如投资鼓励）等。因而"促进型立法"主要解决"供给"问题，具有积极的市场导向和社会导向功能，对农业生态经济发展具有直接的引导意义。

三、经济手段

（一）经济手段的内涵

经济手段是指为改善农业生态环境而向环境污染者自发的和非强迫的行为提供金钱刺激的手段。经济手段的根本特点是国家依据农业经济规律的作用，通过价格、成本、利润、税收等与价格形式有关的各种经济方法，影响和调节农产品的生产、分配、流通及消费，从而实现农业生态与经济的协调发展。

首先，经济手段以市场为基础，通过间接宏观调控，改变市场信号，影响控制对象的经济利益，引导其改变行为。这种间接宏观管理模式，不需要全面监控控制对象，从而大大降低了控制成本。

其次，经济手段通过市场中介，把保护农业生态环境、改善农业生态环境的责任从政府转交给环境责任者，不是用行政法规强制他们服从，而是把具有一定的行为选择余地的决策权交给他们，使农业生态环境管理更加灵活，适用于具有不同条件、能力和发展水平的控制对象。

最后，经济手段可以有效地配置保护农业生态环境所需要的资金，这些资金不仅可投资于对农业生态环境有利的项目，还可以用于纠正其他不利于农业可持续发展的经济政策。

（二）经济手段的运用原则

在农业生态经济管理中经济手段的运用，要遵循以下主要原则：

1. 灵活运用原则

运用经济激励手段要结合实际情况。农业环境保护经济手段本身比较灵活，不像法律条文那样有明确的界限，各地区、部门需要结合实际做出判断和决定。

2. 调整和完善原则

一项农业环境保护经济手段的出台，需经过详细的论证，制定完善的实施办法。经济手段实施后，还要根据实际情况不断加以调整，通过农业生态环境保护实践来检验，并由实践进行丰富和完善。

3. 监督和维护原则

对农业环境保护经济手段的运用要加强监督，尤其是财政、审计和环境管理部门，要及时了解情况，防止农业生态环境保护政策传递中的阻塞。

4. 符合市场经济规律原则

市场经济规律既是经济激励手段设计的初衷，也是经济激励手段发生作用的保障。农业生态经济管理也要遵循市场经济规律。

（三）经济手段的基本内容

1. 税费调控

控制农业生态经济的税费政策是针对农业不合理生产方式和行为，通过环境经济分析，按照标准向农业经营者征收费用，目的是限制其使用有损农业生态环境的生产方式和行为，减少农业污染的产生，使其转变传统农业生产方式，选择经济效益和环境效益双赢的生态化农业之路。

与农业排污量相比，导致农业污染产生的输入要素常常是可监测和可掌握的。因此，采取间接手段通过约束和规范农用化学品向田地的输入要比直接限制径流流失来控制农业污染更为可行和有效。其中，制定合理的"农用化学品输入税"是一种有效手段，如对化肥、杀虫剂、剧毒农药和农用薄膜收取产品费。产品收费的目的是给那些环境友好的产品创造有利的价格竞争优势，促使人们放弃会造成环境污染的产品，替换成对环境不污染或污染相对较小的农用化学品。此外，增加农用化学品收费还可引导产农业转型，如在常规化肥农药与少污染、无污染的生物农药和微生物化肥之间的税率差可激励农业经营者使用无污染的产品。

税费手段还有增加收入的作用，可为社会筹集农业生态环境保护资金，为农业环境技术开发和农村环保公共设施供给等提供必要的资金来源。税费手段的增加收入作用有利于国家通过资金再分配，缩小农业环境经济政策带来的城乡不公平和调动农业经营者环境保护的积极性。

2. 补贴引导

补贴是监管者给予生产者的某种形式的财务支持。税费政策旨在抑制和改变不利于环境的农业生产方式和行为，而补贴政策则倾向于鼓励和引导农业经营者采取有利于环境的农业生产方式和行为，二者都是通过经济激励来控制和削减农业污染。值得注意的是，越来越多的国家正逐步减少乃至取消对不可持续农业经济活动的补贴。例如，孟加拉国就减少了化肥生产补贴。

多年来，我国一直对化肥实施价格补贴，在促进农业生产发展的同时也造成了严重的环境污染。为了实现农业可持续发展目标，我国应将农业补贴的重点放在环境保护方面。根据补贴对象的不同，可将补贴分为三种类型：对正外部性行为的补贴、对减少负外部性行为的补贴及产品价格补贴。

（1）对减少负外部性产生的农业生产方式和行为进行补贴

通过补贴，刺激农业经营者减弱生产强度或改变生产生活方式，从而减少负外部环境效应的产生。享有这种补贴的对象有：科学施肥施药者、采取最佳农业环境管理措施者、采用农业生物技术防治病虫害者、主动进行农业环境污染处理且达标排污的畜禽养殖者等。

（2）产品价格补贴

对环境友好型农业投入品进行价格补贴，降低这些产品的价格，激励农户选购环境友好型产品。如长久以来，农民一直依赖化肥的方便和速效，盲目施用造成农产品质量下降和环境污染。要想转变农民对肥料的依赖，目前可行的政策是对有机肥进行补贴，使有机肥价格等于甚至低于化肥价格，增强有机肥的市场竞争力，激发生产者生产有机肥的主动性和农民购买有机肥的积极性。补贴对象可以是商业有机肥生产者，以降低单位产量有机肥的生产成本，或者在销售过程中对无害化有机肥购买者直接进行补贴。

（3）正外部性的农业生产活动补贴

对退耕还林还草、构建人工湿地与氧化塘、生态型农业工程、建立农村废水垃圾处理场和畜禽粪便处理加工场等进行补贴。

3. 信贷支持

中国农业发展银行应该大力发挥信贷支持生态型农业的作用，其信贷支持的重点应该从粮食流通部门向农村的环境保护基础设施建设、农业生态建设转移；从退耕还林还草领域扩大到纯天然、无污染、高品质的绿色食品、有机食品生产基地的支持。同时，也对农业发展中污染控制项目提供强有力的信贷支持，如对沼气池的建立、秸秆气化工程等大型建设项目提供贴息贷款。

生态型农业建设是一项宏大的系统工程，治山治水、作物的品种改良、产品的加工增值、城乡消费市场设施的建设均需要大量的资金投入，需要安排一定份额的专项资金扶持。此外，应发挥政府资金的带动作用，引导社会各方资金投向生态型农业项目的建设，形成多元化的投资格局，从而降低农业污染，促进生态型农业的发展。

4. 押金保障

产生污染产品的购买者要付出一笔额外费用，即押金，当他们将用过的产品或容器送到再循环中心或指定堆放地点时，这笔钱会返还给他们。这种方法使得人们能自觉采取环保行动。多年以来，世界上许多国家都采用押金退还制度来处理饮料瓶。这种制度，还能用于防治废旧电池处理过程中向环境排放有毒物质，以及用于减少塑料焚烧剩余物和杀虫剂的空瓶的污染。实行押金退还制度，还能刺激安全废弃物市场的出现。这个制度鼓励人们寻找机会回收废物，如果有人把瓶瓶罐罐随便丢弃，那么别的人就会有动机去把它们捡回来上交。从经济的观点来看，押金退还制度是有效率的，它为农业环境保护行为提供了经济利益，并为破坏农业环境的行为增加了成本。从监管的角度来看，押金退还制度同样也是有效率的，其应用范围会越来越广泛。在农业污染防治中具体适用对象可包括剧毒农药瓶、农用塑料薄膜、农用物质包装物等。

四、教育手段

（一）生态教育的内涵

农业生态教育是指使受教育者掌握农业生态环境系统（包括森林生态系统）和农业经济系统的性质及规律，重新认识人与自然、农业生态与经济的关系，认识农业生态环境在人类生活中的地位，克服对农业生态环境冷漠无知的态度，灌输与自然协调发展新观念的教育活动。其基本内涵有可持续发展观、协调自然观、适度消费观和综合效益观。

1. 可持续发展观

可持续发展的内涵十分丰富、深刻，其核心内容可概括为三点：一是整体发展，即把农业生态、经济、社会系统的矛盾或利益加以整合，使之协调发展；二是持续发展，是指农业经济和社会发展不能超过资源与环境的承载能力，以确保子孙后代的发展；三是公平发展，包括代内公平、代际公平以及人类对自然的公平。可见，可持续发展不仅是一种新的发展观，而且是一种新的文明观，具有丰富的、全新的伦理道德内涵。它要求人们不应为了自己的发展而无节制地掠夺自然，也不应为了自己的发展而无限制地透支后代人的利益。

2. 协调自然观

全球都市化正在改变人类的物质生活和社会环境，同时也加快了全球的资源危机和环境危机。诸如，人均耕地面积锐减、水资源日益紧张、森林毁损、物种灭绝以及日益严重的能源困境。一切自然物都具有作为资源被人们开发和利用的属性，同时，它还作为环境要素存在于自然界中，起着稳定环境和平衡生态的作用，如水、空气、土壤、岩石等都具有稳定农业生态系统的作用。人们必须认识到生物在环境和自然界中的地位和作用，把人看作与自然密切相关的统一体。

3. 适度消费观

随着人类获得物质财富能力的增强，"消费主义""享乐主义"在全世界范围内越来越泛滥。人的需求应是全面的，物质需求是基本需求，但绝非唯一的需求，还应有精神需求。人类应该树立"全面需求"与"适度消费"的观念，例如，在保护农业环境资源的前提下要有节制地安排农业生产；农村生活生产方式要走生态道路；培植生态消费的新观念；避免能源过度消耗等。

4.综合效益观

科技发展与社会进步速度越来越快，农业正从传统农业向现代农业转变，人们对农业的地位、功能、特点均有了新的认识。农业具有三大效益，即经济、生态和社会效益。在三大效益中，生态效益在农业综合效益中占据着越来越重要的地位。人们必须深刻领悟生态效益的内涵，协同发展经济效益和社会效益，进而有效发挥农业的综合效益。

（二）教育手段的基本特点

农业生态教育就是以生态哲学整体论的世界观和方法论为指导，借助于教育理论和教育实践两种手段，进行农业资源保护和环境管理的教育，从而提高农业经营者和社会公众的生态意识和生态素质，实现农业可持续发展、建设农业生态文明的目的。农业生态教育包括以下几点：

一是以农业经营者和社会公众为教育对象。社会公众主要包括个人和各种社会群体，他们是农业生态文明建设的直接实施者和受益者，其行为将在人们社会生活的各个领域和各个方面起到决定性的作用。因此，良好的农业生态环境建设是千千万万人的事业，需要每一位社会成员的参与，同时也必须调动全社会的力量，充分发挥人民群众的主动性、积极性和创造性。可以说，公众生态意识的培育与生态素质的提高直接影响到农业生态文明建设的大局。

二是以家庭教育、学校教育、社会教育为主要方式。开展农业生态教育，家长应该重视和掌握农业生态教育内容，在家庭中形成重视农业生态教育的氛围，使家庭中每个成员在耳濡目染中树立农业生态意识，并在工作和生活实践中自觉践行生态道德行为，养成应有的生态道德素质。学校作为育人的场所，应将农业生态教育纳入学校教育的内容。一方面，通过教育可以加深学生对自然界的认知，把握人与自然关系的规律性。同时使学生认识到人与自然的关系及对个人行为的要求，从而将农业生态知识和改造自然的价值取向结合起来，提高学生的农业生态素质；另一方面，学校教育要使生态责任与道德责任相统一。学校进行的农业生态知识教育使农业生态学的准则成为学生的行为规范，生态教育赋予这种行为规范以道德伦理意义，唤起学生的良知与信念，使二者紧密结合。此外，还要运用社会教育，通过广播、电视等新闻舆论工具，宣传农业生态环境的重要性，激发社会公众参与农业生态保护的热情和责任心，形成农业生态教育的浓厚氛围。

三是以生态道德教育、生态知识教育、生态实践教育为重点内容。农业生态教育中不仅要考虑让公众获得知识，而且更要注重公众获得乡情的体验、技能的掌握，从而促进公众生态道德的培养。这不仅能帮助公众了解动物、植物、微生物、人类各自的生存条件、相互关系以及人类在生存发展过程中所带来的环境破坏，理解人类与自然之间的鱼水关系，而且更要注重教会公众一些保护农业环境、保护农业资源的方法，端正对待自然万物的态度，从而使公众的情感受到感染，学会辨别利弊善伪，能够制止自己与他人做不利于农业生态平衡的事。农业生态教育是全民教育、终身教育，是农业生态文明建设过程中的一项基本内容，也是保证农业生态文明建设顺利进行、促进农村社会文明不断进步的一项战略任务。

（三）教育手段的实施路径

1. 完善农业生态教育体制

农业生态意识的培养并不是一朝一夕就能完成的，培养 21 世纪的人才必须把这一任务作为一个系统工程来抓，建立完备的农业生态教育体制。应坚持全面、发展和联系的立场，使公众从整体的角度培养农业生态环境保护意识，获得系统的农业生态知识以及适应现实变化所需要的思维和观点，从而能够在实践中正确思考和对待农业生态环境问题。进行农业生态教育，实际上是普及农业生态科学知识的过程，中、小学及幼儿教育应结合有关教学内容普及农业、农村环境保护知识，高等院校应有计划地设置有关农业、农村环境保护的专业或课程，把农业生态教育贯穿于公民终身教育的全过程。同时，运用广播、电视、报刊等各种新闻媒体，广泛宣传绿色农业、绿色消费、生态城市等有关生态文明建设的科普知识，将生态文明的理念渗透到生产、生活的各个层，增强公众的生态意识，树立公众的生态文明观、道德观、价值观，形成人与自然和谐相处的发展模式。

2. 营造农业生态教育氛围

实施农业生态教育，离不开公众的广泛参与和支持。只有抓好公众的农业生态教育，培育公众的农业生态意识，营造良好的社会氛围，才能建构健康有序的农业生态运行机制，创造和谐的农业生态化发展环境，实现农业经济、社会、生态的良性循环，促进人与社会的全面发展。首先，政府在发展农业经济的同时应采用多种形式开展农业生态环境保护的宣传教育。例如，积极宣传环境污染和生态破坏对农业的危害；普及农业环境科学和环境法律知识；建立健全农业生态教育的法律法规和标准体系；加大农业生态教育资金投入；为农业生态教育提供政策支持；充分利用市场机制建立合理多元的投入机制等。通过以上诸多方式营造全民教育、全程教育和终身教育的良好社会氛围。其次，环保部门担负着不可推卸的宣传教育责任，要向社会深入宣传具体的法律、政策，利用部门优势普及环保的相关科学知识，尤其是通过宣讲生活中的典型案例来增强人们的环保观念，培养自觉的农业生态意识。

3. 创新农业生态教育手段

要通过多种途径创新农业生态教育手段，进行农业生态教育创新。首先，以学校教学改革为动力，推动学校农业生态教育发展，在教学思想、师资培养、教学内容、教学方法上进行改革和创新。学校作为育人的场所，应将农业生态教育纳入学校教学的内容。一方面，通过课堂教学进行农业生态知识教育，把农业生态教育渗透到政治、语文、生物、音乐等课程中，联系当前的农业、农村环境现状，延伸扩展教学内容；另一方面，让学生走出校园，在实践中培养学生的农业生态意识。比如，配合世界环境日、粮食日、爱鸟周、无烟日等特殊日子开展公益性活动，使学生接触社会，增强学生保护农业生态环境的自觉性，激发其参与农业环境保护的积极性。其次，发挥家庭教育的优势，及早培养儿童的农业生态意识。家庭是一个特殊的教育环境，其作用往往是学校教育和社会教育所不能代替的。家长应抓好时机对儿童进行保护农业环境方面的教育。最后，运用社会教育及监督，开展全民农业生态教育。一方面，利用广播、电视、互联网等新闻舆论工具，广泛宣传人与自然协调发展的重要性，宣传节约资源、维护良好的农业生态环境对人类长远利益的重要意义；另一方面，加强对政府工作人员的农业生态教育，把保护农业生态环境的政绩纳入考核体系中，树立正确的政绩观与发展观，增强在社会实践中保护农业生态环境的自觉性，从而提高其农业生态环境保护能力。

4. 重视农业生态教育实践

首先，农业生态教育的实践，要有法律的支撑。也就是人们在保护农业环境时，必须有法可依、有章可循。近年来，我国政府先后颁布了一系列法律法规。这些法律法规在农业生态文明建设过程中发挥着重要的作用。然而，它们也具有一定的局限性，要在社会生活中充分发挥效力，还须做出巨大的努力。那些虽不符合法律要求而又不触犯法律的行为，必须依靠道德的力量，强化生态道德意识，把维护农业生态平衡内化为人们的自觉行动。其次，农业生态教育的实践，关键在于每一个公民参与。农业生态教育的目的不仅在于培育人们的生态意识，提高人们的生态素质，更重要的是动员人们投身到农业生态保护运动中，时时处处做一个地球村公民。因此，在新形势下实施农业生态教育，还必须善于从日常生活中找寻丰富的教育资源，激发公众参与的积极性。只有这样，才能把实施农业生态教育的任务落到实处，从而加快农业生态文明建设的进程。

第六章 "互联网＋"时代下的农业生产与营销

第一节 "互联网＋"时代下的农业生产

一、"互联网＋"种植业

（一）智能设施农业

智能设施农业提高了种植产量和生产效率，越来越多的农民在当地龙头企业以及专业合作社的带动下，投身智能农业，增收致富。互联网农业是指将互联网技术与农业生产、加工、销售等产业链环节结合，实现农业发展科技化、智能化、信息化的农业发展方式。"互联网＋"带动传统农业升级。目前，物联网、大数据、电子商务等互联网技术越来越多地应用在农业生产领域，并在一定程度上加速了转变农业生产方式、发展现代农业的步伐。

互联网技术深刻运用的智能农业模式，以计算机为中心，是对当前信息技术的综合集成，集感知、传输、控制、作业于一体，将农业的标准化、规范化大大向前推进了一步，不仅节省了人力成本，也提高了品质控制能力，增强了对自然风险的抗击能力，正在得到日益广泛的推广。互联网营销综合运用电商模式，农业电子商务是一种电子化交易活动，它是以农业的生产为基础，其中包括农业生产的管理、农产品的网络营销、电子支付、物流管理等。它是以信息技术和全球化网络系统为支撑点，构架类似 B2B、B2C 的综合平台支持，提供网上交易、拍卖、电子支付、物流配送等功能，主要从事与农产品产、供、销等环节相关的电子化商务服务，并充分消化利用。

将互联网与农业产业的生产、加工、销售等环节充分融合。用互联网技术去改造生产环节提高生产水平，管控整个生产经营过程，确保产品品质，对产品营销进行了创新设计，将传统隔离的农业一、二、三产业环节打通，形成完备的产业链。其优势在于：第一，通过物联网实时监测，应用大数据进行分析和预测，实现精准农业，降低单位成本，提高单位产量；第二，互联网技术推动农场的信息化管理，实现工厂化的流程式运作，进一步提升经营效率，更有助于先进模式的推广复制；第三，"互联网＋农业"不仅能够催生巨大数据搜集、信息平台建设等技术服务需求，同时也为生产打开了更大的农资产品销售空间。

互联网农业创新的实际意义在于提高效率，降低风险，数据可视化，市场可视化，使生产产量可控；打破传统，重新构建了农产品流通模式，突破了传统农产品生产模式，建立新的信息来源模式；向国外可追溯农业看齐，加强食品安全监管；农产品链条化，纵向拉长产业结构；实现信息共享，了解更多最新最全信息。

（二）智能大田种植

我国现在的农业生产模式正处于家庭联产承包责任制向大田种植模式的过渡阶段，大田种植模式是我国现代农业的发展方向。大田种植信息化是运用通信技术、计算机技术和微电子技术等现代信息技术在产前农田资源管理、产中农情监测和精细农业作业中的应用和普及程度，主要包括农田管理与测土配方系统、作物长势监测系统、病虫害预测预报与防控系统和精细作业系统。

我国农田信息管理系统开始在农场使用，内蒙古、新疆生产建设兵团、黑龙江农垦等使用农田信息管理系统对农田地块及土壤、作物、种植历史、生产等进行数字化管理，实现了信息的准确处理、系统分析和充分有效利用，并及时对电子地图进行不断的更新维护，确保农田一手数据的时效和准确性。把现代科技手段运用到大田种植生产过程之中，减少了人力资源，获得更大的产出，实现单位面积上大田种植的效益最大化是我国研究大田种植的根本目的，今后我国大田种植信息化发展是以"精细农业"为核心的数字化、智能化、精准化、管理信息化和服务网络化等发展模式，以信息化带动现代化，通过信息技术改造传统大农种植业，装备现代农业，以信息服务实现生产与市场的对接，遥感技术、地理信息系统、全球定位系统，作物生长模拟以及人工智能和各种数据库等结合与集成应用到大田作物生产中，通过计算机系统进行科学的生产管理。

智能农业大田种植智能管理系统，是针对农业大田种植分布广、监测点多、布线和供电困难等特点，利用物联网技术，采用高精度土壤温湿度传感器和智能气象站，远程在线采集土壤墒情、气象信息，实现墒情自动预报、灌溉用水量智能决策、远程／自动控制灌溉设备等功能。

智能农业大田种植智能管理系统中物联网信息采集可分为地面信息采集和地下或水下的信息采集两部分：

1. 地面信息采集

一是使用地面温度、湿度、光照、光合有效辐射传感器采集信息可以及时掌握大田作物生长情况，当作物因这些因素生长受限，用户可快速反应，采取应急措施；二是使用雨量、风速、风向、气压传感器可收集大量气象信息，当这些信息超出正常值范围，用户可及时采取防范措施，减轻自然灾害带来的损失。如在强降雨来临前，打开大田蓄水口。

2. 地下或水下信息采集

一是可实现地下或水下土壤温度、水分、水位、氮磷钾、溶氧、pH值的信息采集；二是检测土壤温度、水分、水位，是为了实现合理灌溉，杜绝水源浪费和大量灌溉导致的土壤养分流失；三是检测氮磷钾、溶氧、pH值信息，是为了全面检测土壤养分含量，准确指导水田合理施肥，提高产量，避免由于过量施肥导致的环境问题。

3. 视频监控

视频监控系统是指安装摄像机通过同轴视频电缆将图像传输到控制主机，实时得到植物生长信息，在监控中心或异地互联网上即可随时看到作物的生长情况。

4. 报警系统

用户可在主机系统上对每一个传感器设备设定合理范围，当地面、地下或水下信息超出设定范围时，报警系统可将田间信息通过手机短信和弹出到主机界面两种方式告知用户。用户可通过视频监控查看田间情况，然后采取合理方式应对田间具体发生状况。

5. 专家指导系统

它和系统中农作物最适生长模型、病害发生模型进行比较，一方面系统可以直接将这些关键数据通过手机或手持终端发送给农户、技术员、农业专家等，为指导农业生产提供详细实时的一手数据；另一方面系统通过对数据的运算和分析，可以对农作物生产和病害的发生等发出告警和专家指导，方便农户提前采取措施，降低农业生产风险和成本，提高农产品的品质和附加值。

在现代的大田种植中，通过应用物联网研发的大田种植智能控制系统，只需要手指点一点，就可以实现田间种植情况远程化监控、实时化管理，非常方便，实现大田种植的智能化。大田种植监控系统除了能提高大田种植的智能化、信息化水平，提高农作物质量产量之外，还可以通过发布远程指令对农业大棚进行操控，减少人力劳动成本，变相增加农作物的产出效益。应用智慧大棚系统后，只需要点点手机上的客户端，就可以远程自动实现开棚透气、关棚避雨、浇水施肥等功能，减少了种植过程中的人力投入，经济效益大大增加。

目前，各大农业地区都在积极试点，争取突破以往的生产模式，通过运行大田种植监控系统等新型农业物联网技术，为当地农业注入新鲜的科技力量，创造更大的农业价值，帮助农民创富增收。

二、"互联网+"养殖业

（一）智慧畜禽养殖

"互联网+"给畜禽业带来巨大变革。越来越多的畜禽从业者开始体会到科技应用带来的巨变，并在实践中将这些先进技术运用到整条产业链中，使传统畜牧业更具"智慧"。从近年来国内外研究现状来看，畜禽养殖动物个体信息监测研究大多围绕自动化福利养殖展开，通过研究提高了动物个体信息监测的自动化程度和精度，大幅降低了信息监测消耗的人力，但还存在一些需要进一步探讨和研究的问题，主要包括以下几个方面：第一，动物行为监测智能装备研发。准确高效地采集动物个体信息是分析动物生理、健康和福利状况的基础。目前无线射频识别（RFID）技术在畜禽业中得到广泛应用，对于动物的体重、发情行为、饮食行为等信息监测已有大量研究成果，但对于动物母性行为、饮水、分娩、疾病等信息监测系统研究与实现鲜见报道。动物行为监测传感器大多需要放置于动物身上或体内，这对监测设备的体积、能耗、防水和无线传输等方面都有较高的要求，后续研究需要针对复杂环境下不同行为研发相应的行为监测智能化设备。第二，动物行为模型构建与健康分析。动物行为模型构建是指在动物叫声音频信息、活动视频信息、传感器采集的运动等信息与动物行为分类间建立映射关系，通过音视频和其他传感技术对动物行为进行分类。分析实时采集的动物个体信息，研究动物不同生长阶段的行为规律，与动物行为模型进行对比，超过一定阈值时进行预警。第三，动物福利养殖信息管理系统。动物个体信息与环境、饲养方式、品种以及动物个体与个体之间都有影响，从规模化养殖中采集到的大量动物个体信息数据，如何综合分析，从海量数据中挖掘出有用信息，并建立动物福利养殖信息管理系统还需要进一步研究。

（二）智慧水产养殖

近年来，人们逐渐意识到了环保的重要性，也意识到了传统水产养殖业的低级粗放。为了解决传统水产养殖业经济效益放缓和环境污染的问题，"物联网水产技术"作为一个新事物跃入了人们的视野。

我国是世界上第一大水产养殖国，在养殖规模和养殖产量上都位居世界前列。但随着养殖种类的扩大和水资源的开发利用逐渐饱和，传统养殖手段容易造成水体污染、水产品品质下降等不利后果。因此我们不得不抛弃以往粗放式的完全依靠经验进行水产养殖的方式，通过利用新兴技术及时准确地获得养殖环境的数据，做出高效及时的调节成为一种必然。在这种背景下，物联网技术的引入使高效、高产、环保、节约人力成本的水产养殖成为可能。物联网系统以其智能化、可靠性、适应环境能力强等优良特性日益受到人们青睐，以物联网为基础的智能家居，智慧农业等系统逐步走进人们的生活。

长期以来我国水产行业的发展周期长、劳动强度大、生产效率低、对环境破坏严重，这些都严重制约了我国水产养殖行业的健康发展；面对我国日益增长的水产品消费人群，以及大众对绿色环保的水产品要求不断提高，传统的养殖方式越来越不能满足大众的需求。而物联网技术的发展为这一问题的解决提供了有力的支撑。根据调查结果显示，使用物联网技术实施水产养殖的水产品品质远远优于粗放式养殖的水产品，同时可以有效节约成本达20%以上，使养殖户亩产增收1000元以上。在提高水产品品质和节约人力成本的同时对环境的破坏也明显改善，同时可以为防治水体污染提供数据支持。因此物联网的应用使养殖自动化成为未来水产养殖的趋势。伴随着科技的发展，智能水产养殖逐渐成了可能。以智能传感技术、智能处理技术及智能控制技术等物联网技术的智能水产养殖系统为代表，一系列拥有信息实时采集、信号无线传输、智能处理控制、预测预警信息发布和辅助决策提供等功能于一体，通过对水质参数的准确检测、数据的可靠传输、信息的智能处理以及控制机构的智能化自动化的设备已经成功地帮助养殖户实现了新时代水产养殖的自动化科学管理。

发展智慧型渔业，其实质是用现代先进的数字技术、信息技术装备传统的渔业生产，以提高渔业生产的科技水平，使渔业生产不受气候、赤潮等影响，还可更好地控制成本。利用信息技术对农业生产的各个要素进行数字化设计、智能化控制、精准化运行及科学化管理，力求能减少农业消耗，降低生产成本，提高产业效益。作为物联网水产科技的代表，水产养殖环境智能监控系统是面向新时代水产养殖高效、生态、安全的发展需求，基于物联网技术的使用，它是集水质采集、智能组网、无线传输、智能处理、预警报告、决策支持、智能控制等功能于一身的物联网水产系统，概而言之，养殖户无须担心其他事情，只需智能手机在手，便可养鱼无忧。

智慧水产养殖系统由智能化电脑控制系统和水循环系统两部分组成。智能化电脑控制系统包括系统软件、360°探头、水下感应器、养殖设备、互联网服务器等软硬件构成；水循环系统包括过滤设备和微生物降解设备。在智能控制中心，监视屏上方正显示鱼塘实时的监控画面，下方显示出每个鱼塘的溶氧量、水温、pH值等各项指标。即使你不亲自去现场，水塘的环境情况也会一目了然。如果某项数值超过或低于警戒值，系统就会自动启动相应设备处理问题。而这一切都是依靠互联网连接智慧渔业养殖系统来完成。系统跟养殖者的手机对接上，就随时可以监控养殖情况，真正地做到"坐着喝茶就能养鱼"。当然，养殖过程会产生排泄物，令水中的氨氮含量以及其他杂质增多，导致溶氧量降低。这个时候系统上就会显示警戒指标，并启动水循环设备，确保鱼塘不仅全天候恒温，水质也保持在适宜鱼生长的环境。到了投饵的时间，与系统相连的智能打印机将根据当前水文环境打印出投饵方案，按照方案直接投饵就可以了。

三、"互联网＋林业"

"互联网＋林业"充分利用移动互联网、物联网、云计算、大数据等新一代信息技术，通过感知化、物联化、智能化的手段，形成林业立体感知、管理协同高效、生态价值凸显、服务内外一体的林业发展新模式，其核心就是利用现代信息技术，建立一种智慧化发展的长效机制。具体来讲，"互联网＋林业"应具备以下特性：一是信息资源数字化。实现林业信息实时采集、快速传输、海量存储、智能分析、共建共享。二是资源相互感知化。通过传感设备和智能终端，使林业系统中的森林、湿地、野生动植物等林业资源可以相互感知，能随时获取需要的数据和信息。三是信息传输互联化。建立横向贯通、纵向顺畅，遍布各个末梢的网络系统，实现信息传输快捷，交互共享便捷。四是系统管控智能化。利用物联网、云计算、大数据等方面的技术，实现快捷、精准的信息采集、计算、处理等。同时，利用各种传感设备、智能终端、自动化装备等实现管理服务的智能化。五是体系运转一体化。林业信息化与生态化、产业化、城镇化融为一体，使"互联网＋林业"成为一个更多功能的生态圈。六是管理服务协同化。在政府、企业、林农等各主体之间，在林业规划、管理、服务等各功能单位之间，在林权管理、林业灾害监管、林业产业振兴、移动办公和林业工程监督等林业政务工作的各环节实现业务协同。七是创新发展生态化。利用先进的理念和技术，丰富林业自然资源、开发完善林业生态系统、科学构建林业生态文明，并融入整个社会发展的生态文明体系之中，保持林业生态系统持续发展强大。八是综合效益最优化。形成生态优先、产业绿色、文明显著的智慧林业体系，做到投入更低、效益更好，实现综合效益最优化。

（一）智慧林业的含义和特征

"智慧林业"这一概念提出的时间较短，而且迄今尚没有公认的定义。但其基本内涵是指充分利用云计算、物联网、移动互联网、大数据等新一代信息技术，通过感知化、物联化、智能化的手段，形成林业立体感知、管理协同高效、生态价值凸显、服务内外一体的林业发展新模式。智慧林业是智慧地球的重要组成部分，是未来林业创新发展的必由之路，是统领未来林业工作、拓展林业技术应用、提升林业管理水平、增强林业发展质量、促进林业可持续发展的重要支撑和保障。智慧林业与智慧地球、美丽中国紧密相连；智慧林业的核心是利用现代信息技术，建立一种智慧化发展的长效机制，实现林业高效高质发展；智慧林业的关键是通过制定统一的技术标准及管理服务规范，形成互动化、一体化、主动化的运行模式；智慧林业的目的是促进林业资源管理、生态系统构建、绿色产业发展等协同化推进，实现生态、经济、社会综合效益最大化。

智慧林业的本质是以人为本的林业发展新模式，不断提高生态林业和民生林业发展水平，实现林业的智能、安全、生态、和谐。智慧林业主要是通过立体感知体系、管理协同体系、生态价值体系、服务便捷体系等来体现智慧林业的智慧。具体内容如下：一是林业资源感知体系更加深入。通过智慧林业立体感知体系的建设，实现空中、地上、地下感知系统全覆盖，可以随时随地感知各种林业资源。二是林业政务系统上下左右通畅。通过打造国家、省、市、县一体化的林业政务系统，实现林业政务系统一体化、协同化，即上下左右信息充分共享、业务全面协同，并与其他相关行业政务系统链接。三是林业建设管理低成本高效益。通过智慧林业的科学规划建设，实现真正的共建共享，使各项工程建设成本最低，管理投入最少，效益更高。四是林业民生服务智能更便捷。通过智慧林业管理服务体系的一体化、主动化建设，使林农、林企等可以便捷地获取各项服务，达到时间更短、质量更高。五是林业生态文明理念更深入。通过智慧林业生态价值体系的建立及生态成果的推广应用，使生态文明的理念深入社会各领域、各阶层，使生态文明成为社会发展的基本理念。

（二）智慧林业的内容和作用

智慧林业的提出符合林业现代化的需求，智慧林业是林业发展的自身需求，是我国生态建设的必然要求，也是全球化视角下地球村互相融合、人类社会和谐发展的重要举措。就林业发展来看，智慧林业是其自身转型升级的内在需求。林业正在发生由以木材生产等为主向生态建设为主的历史性转变。国际社会对林业给予了前所未有的重视，联合国强调"没有任何问题比人类赖以生存的森林生态系统更重要了，在经济社会可持续发展中应赋予林业首要地位"。我国已确立了以生态建设为主的林业发展战略，把发展林业作为建设生态文明的首要任务，这意味着我国林业必须承担起生态建设的主要责任，打造生态林业、民生林业成为目前我国林业的主体目标与任务。利用智慧林业，我们可以摸清生态环境状况，对生态危机做出快速反应，共建绿色家园；更智能地监测预警事件，支撑生态行动，预防生态灾害。同时，发展智慧林业，建立相应的一体化、主动化管理服务体系和生态价值考量体系，可使林业的民生服务能力得以加强，生态文明的理念得以深入社会各领域与各阶层，符合林业自身发展的客观需求。

"互联网+"是大势所趋，也是推动创业创新的有力支点。推动"互联网+林业"有这样几个关键环节必须密切关注：一要确立发展思路。依托现状，首先要突出森林的生态价值，从政府层面加大对森林资源的智能化管理与服务的投入，建立建成更为完备的互联互通网络；同时，利用森林的经济价值，从企业层面扩大电子商务的推广运用率，换取较大的经济利益，为林产品提质上档提供经济支撑。二要明确发展重点。把森林资源推到线上交易，这样的"互联网+林业"是没有前途的。通俗来讲，"互联网+林业"就是要让森林资源通过物联网达到人和物的交互，实现信息采集、计算、共享。要注重"物联"的开发与运用，重点是在林业管理、森林防护、智能办公等方面开展深层次合作，运用云计算、大数据、物联网、可视化等技术，建设包含林业"三防"一体化信息化平台、综合监测监控系统、业务信息实时共享平台、智能办公等信息化项目，实现智能办公、视频监控（含无人遥感飞机视频接入）、林业资源、扑火指挥、远程调度、空间分析、疫区管理、位置服务、整合信息等多项智能应用。这是基础，是重中之重，要以政府部门牵头为主。有此基础，才能充分运用物联数据，开发商业模式。三要选择商业模式，把建立商业模式与实现互联互通同步进行。

紧紧围绕打造智慧林业、建设美丽中国的发展思路，充分利用新一代信息技术对资源深度开发及管理服务模式转型的创新力，结合当前林业信息化发展的基础与急需解决的问题，根据我国智慧林业的重要使命、本质特征和发展目标，以打造生态林业和民生林业为重要切入点，通过"资源集约、系统集聚、管理集中、服务集成"的创新发展模式，积极推进智慧林业立体感知体系、智慧林业管理协同水平、智慧林业生态价值体系、智慧林业民生服务体系、智慧林业标准及综合管理体系5项任务建设，全面实现智慧林业的战略目标。

1. 加快建设智慧林业立体感知体系

按照"把握机遇、超前发展、基础先行、创新引领"的原则，坚持技术创新、模式创新，加快林业宽带网络及感知网络建设，为智慧林业的发展创造良好的信息基础设施条件。以国家下一代互联网计划及宽带中国战略的实施为契机，积极推进林业下一代互联网建设，为林业系统提供安全、高速的下一代互联网，为林业物联网的接入做好准备。大力推进林区无线网络建设，引导区内电信企业加大投入力度，在林区办公场所、交通要道、重要监测点等区域实现无线宽带网络的无缝覆盖。全面加强各种传感设备在林业资源监管、林产品运输等方面的布局应用，为动态监测植物生长生态环境、有效管理林业资源提供支撑。有序推进以遥感卫星、无人遥感飞机等为核心的林业"天网"系统建设，打造高清晰、全覆盖的空中感知监测系统。积极推进林业应急感知系统建设，打造统一完善的林业视频监控系统及应急地理信息平台，为国家、省、市、县等四级林业管理部门提供可视化、精准化的应急指挥服务。

2. 大力提升智慧林业管理协同水平

按照"共建共享，互联互通"的原则，以高端、集约、安全为目标，依托现有的基础条件，大力推进林业基础数据库建设，重点建设林业资源数据库、林业地理空间信息库和林业产业数据库，加快推进林业信息资源交换共享机制。通过统一规划、集中部署，加快中国林业云示范推广及建设布局。推进政府办公智慧化，规范办公流程，提高办事效率。全面推进中国林业网站群建设，建立架构一致、风格统一、资源共享的网站群，全面提高公共服务水平。加大林政管理力度，建立起行为规范、运转协调、公正透明、廉洁高效的林政管理审批机制。加强林业决策系统建设，为各类林业工作者提供网络化、智能化科学决策服务。

3. 有效构建智慧林业生态价值体系

加强林业生态价值体系建设，不断推动林业生态体系发展，重点加强新一代信息技术在资源管理、野生动植物保护、营造林、林业重点工程和林业文化监管方面的应用。加强林业资源的监管力度，利用物联网等新一代信息技术，构建完善的林业资源监管体系。大力推进营造林管理步伐，实现营造林全过程现代化管理。积极推进林业重点工程监督管理平台建设，及时准确地掌握工程建设现状，实现工程动态管理，提高工程管理的科学规范水平。加强林业文化传播，不断推动林业文化体系的发展，重点加快林业数字图书馆、博物馆、文化体验馆等信息化建设。

4. 全面完善智慧林业民生服务体系

围绕全面建设民生林业的要求，着力解决林企、林农最关心、最直接、最现实问题，深化信息技术在林业智慧产业、林地智能分析、生态旅游，以及林业智慧商务和智慧社区等公共服务领域的应用，构建面向企业、林农及新型林区建设的综合性公共服务平台，努力提升公共服务水平。加快建设智慧林业产业体系，培育发展林业新兴产业、提升林企两化融合水平，促进林业产业的转型升级。全面建设包括土地成分、土壤肥力、酸碱度、区域环境及现有林业资源等内容的智慧林地信息公共服务平台，为政府、林企、林农等提供综合"林业地图"信息服务。大力发展生态旅游，打造智能化、人性化的生态旅游公共服务平台，提高林业自身价值，丰富人们的生活。积极推进林业智慧商务系统建设，打造一体化的林产品电子商务平台，构建完善的智慧林业物流体系及林业物流园，为林业企业及民众提供智能化、整体化的林业商务服务。大力加强林业智慧社区建设，通过建立智慧社区服务系统，为林农、林企提供包括信息推送、在线证照办理、视频点播、远程诊断等服务，全面提高对林区的服务水平。

5.大力构建智慧林业标准及综合管理体系

根据智慧林业发展目标，按照国家林业行业标准及相关管理制度的要求，优先建设一套智慧林业标准、制度、安全等为核心的综合保障体系，达到有章可循，有力保障智慧林业的建设运营。

（三）"互联网＋"开启林业发展新模式

林业的现代化既是美丽中国建设的重要内容，也是生态文明建设的重要保障。而森林资源是林业现代化建设的基础，生态文明的建设也必须依靠林业的优化发展来实现。加强对森林资源的管理与开发是林业工作的核心。但由于长期以来人们在认识上的不重视及过度的索取，致使生态环境遭受了很大程度的破坏，森林资源保护和经营管理的难度进一步加大。如何保护与发展现有的资源，同时恢复已遭到破坏的森林资源，是我们面临的一项非常艰巨的任务。面对这种现状，大力发展智慧林业，推进林业的现代化，不仅能借助先进的技术手段实现实时监控森林生态系统的动态变化，还能够延伸我们的触觉到达复杂的地形，并相应开展有效的救援和保护行动，有利于我们对森林资源进行真正的科学管理与开发，有利于森林生态系统的良性循环。

1.科学分析形势，准确把握林业信息化建设总体思路

（1）要用互联网思维

互联网时代已经到来，林业工作者要善于运用互联网思维，实现以创新思维谋思路，以融合思维促发展，以用户思维强服务，以协作思维聚力量，以快速思维提效率，以极致思维上水平，敢于打破阻碍，促进开放包容，对全球开放、对未来开放、对全社会开放，完善共建共享的参与机制和创新平台，拓展林业发展空间，拓宽林业投入渠道，让所有关心林业、爱护生态的人都参与到林业现代化建设中来。

（2）要用大数据决策

以大数据等新一代信息技术为支撑，建立一体化的智慧决策平台，实现林业各类数据信息实时采集、深度挖掘、主体化分析和可视化展现，为林业重大决策提供数据依据和决策模型，及时发现战略性、苗头性和潜在性问题，自动化、智能化分析预判林业各种情况和趋势，提高林业重大决策的科学性、预见性、针对性。

（3）要进行智能型生产

加速新一代信息技术与林业的深度融合，促进理念创新、技术进步、效率提升，推动林业生产转型升级、创新发展。引入电商等模式，加速物品、技术、设备、资本、人力等生产要素在产业领域流动，实现各种资源的合理配置和高效利用，让农民足不出户也可知晓市场行情，盘活林业资产，激发林区活力，提高生产效率，提升产品质量，让大众创业、万众创新在林业开花结果，全面提高林业核心竞争力。

2.抓住关键环节，大力推进"互联网＋"林业建设

（1）要依托"互联网＋"拓展政务服务，实现林业治理阳光高效

目前，我国林业政务服务仍然难以满足不断增长的社会需求，迫切需要加快"互联网＋"与政府公共服务深度融合，提升林业部门的服务能力和管理水平。要持续优化中国林业网站群，进一步扩大站群规模，扩展站群类型，实现林业各级部门和各类核心业务全覆盖。要推进中国林业云创新工程建设，实现站群云服务平台统一建设和管理，核心功能统一开发，数据资源统一管理、开放共享。要打造智慧林业决策平台，通过大数据分析系统，对互联网涉林信息进行态势分析，提升智能决策能力。

（2）要依托"互联网＋"深化林业改革，实现资源增长林农增收

要运用新一代信息技术，厘清资源资产权属等，加快建设国有林场林区统一的数据库和资源资产动态监管系统，为林场林区资源资产监管提供现代信息技术手段和动态数据，实现对森林抚育、资源资产、企业改制的全程监管和绩效考核，确保资源资产只增不减。要建设智慧林区，及时提供各种信息服务，方便林区群众生产生活，为林区职工民生改善提供精准信息服务；要建立全国统一的林权数据库和林权交易平台，引导林权规范有序流转，盘活林地资源，放活林地经营，搞活林业经济。

（3）要依托"互联网＋"加强资源监管，实现生态保护无缝连接

长期以来，林业资源保护压力有增无减，生态破坏容易恢复难，有的资源甚至永远无法恢复，迫切需要利用信息技术，加快建设林业一张图，构建集森林、湿地、沙地和野生动植物资源监管于一体的智慧林业资源监管平台，加强对全国林业资源进行精准定位、精准保护和动态监管，严厉打击毁林占林、滥伐盗采等破坏森林资源的行为，实现国家对林业资源保护和利用的有效监管。要加强智慧野生动植物保护工程建设，建立野生动植物资源监测体系与信息管理平台，提高野生动植物资源监管、保护和利用水平。要开展林业生态监测与评估物联网应用，为林业生态工程建设和管理提供科学依据。要推进林业大数据开发，建立林业大数据分析模型，提升预测预警及宏观决策能力。

（4）要依托"互联网＋"开展生态修复，实现生态建设科学有序

目前一些地方造林质量不高，重栽植轻管护，造林绿化成果难以巩固，迫切需要利用"互联网＋"，加快推进造林绿化精细化管理和重点工程核查监督，科学回答"哪里适合造林""林子造在哪里"等问题，全面提升生态修复质量。要加快智慧营造林管理系统升级，推广林地测土配方示范应用，实现营造林管理现代化，提高营造林绩效管理水平。要加强智慧林业重点工程建设，实现立项、启动、执行、验收全过程信息化管理，及时准确掌握工程建设现状，提高工作绩效和监管水平。

"互联网＋"带来的是肯定、是机会、是振奋，必将推进传统行业创新发展，政府、企业都将在全面拥抱"互联网＋"战略中获益。然而，"互联网＋林业"是一项长期性、系统性工作，须分步骤、分阶段扎实推进。一是整合资源。互联网最大的优势是互联互通，信息共享。推进"互联网＋林业"，仅靠单个行业的投入，困难太大。要突破地域、级别、

业务界限，充分整合各类信息资源，推进信息化业务协同，提升全行业管理服务水平和信息资源利用水平。比如，在广袤的林区建设无线网络，这个投入是巨大的，但是完全可以整合通信运营商的无线网络，在信号覆盖、资费调整方面做文章，实现无线网络的共享互通。二是融合创新。仅仅把资源进行整合，还是难以保障效益的最大化，还必须做到融合、创新。要集成关键核心技术和机制，实施应用先行、国际同步的标准战略，抢占标准制高点。在林业管理与服务方面，把林地资源、交通通信、气象动态等部门、资源、信息有机融合，并在此基础上创新发展"大林业"智能化管理服务系统。在林业产业开发方面，就好比开发"美团""大众点评"等电商平台一样，将森林旅游景点、特色林产品等，与交通、银行、餐饮、油站等公共设施融合起来，充分运用互联网"＋通信""＋交通""＋金融"等模式，创新发展"智慧城市"电商平台，拓展"互联网＋林业"的商业模式。三是循序渐进。要从组织管理、顶层设计、基础设施，以及应用示范工程等多维度切入，分基础建设、展开实施、深化应用三个阶段逐步实施。基础建设阶段，要强化顶层设计，要强化信息化成果，林业应急感知系统、林业环境物联网和林区无线网等要优先建设，打牢基础。展开实施阶段，完成营造林管理系统、智慧林业两化融合工程、林业"天网"系统、智慧商务建设工程、智慧林业资源监管工程、智慧林业野生动植物保护工程、智慧林业文化建设工程和中国林业网站群建设等工程建设。深化运用阶段，建设智慧林政管理平台、智慧林地信息服务平台、智慧林业决策平台、智慧林业产业建设工程、智慧生态旅游建设工程和智慧林业重点工程监管工程等。各部分走向相互衔接、相互融合，实现质的飞跃。

第二节 "互联网＋"农业电商及农产品营销

近几年，随着互联网科技的迅猛发展，农业生产发展现代化程度不断加深，信息化水平不断提高，农业领域取得了突破性进展，而农批市场作为农业产业链中一个重要环节，也在紧跟时代发展步伐探索转型升级之道，尤其是随着近两年农业电商的兴起，越来越多的农批市场开始尝试拥抱电商，以求早日实现自身的信息化和品牌化。

一、农产品电子商务的内涵

（一）农产品电子商务的基本概念

所谓电子商务是指在互联网上开展商务活动，所以一般将电子商务定义为利用网络和数字化技术从事的商业活动。按照电子商务专题报告的定义，电子商务是指通过电信网络进行的生产、营销和流通活动，它不仅指基于互联网上的交易，而且指所有利用电子信息技术来解决问题、降低成本、增加价值和创造商机的商务活动，包括通过网络实现从原材料查询、采购、产品展示、订购到出口、储运以及电子支付等一系列的贸易活动。

农产品电子商务就是在农产品生产、销售、初级加工以及运输过程中全面导入电子商务系统，利用一切信息基础设施来开展与农产品的产前、产中、产后相关的业务活动。农产品是交易的对象，农产品的概念和农业的概念密切相关。广义农业包括种植业、畜牧业、林业、渔业以及农业服务业，所以广义的农产品包括了上述各部门的产品及其初级加工产品。

开展农产品电子商务就要在农产品生产与流通过程中引入电子商务系统，例如生产之前需要利用信息设备搜集最新的需求信息，了解市场动态与趋势，利用市场信息进行生产决策，以保证生产出来的产品能够找到市场；在生产的过程中要及时了解影响农产品生产的各种信息，用以指导生产过程，过程中还要考虑到生产的标准化问题；交易中买卖双方可以通过电子商务平台进行咨询洽谈，签订电子合同，还可以通过网络进行支付结算；在产品运输过程中利用电子商务物流系统来监控整个运输过程。在农业部门应用信息手段开展农产品电子商务，实际上是将现代信息技术、网络技术等与传统农产品生产贸易结合起来，以提高效率，节约成本，扩大农产品的市场范围，改善农业价值链，提高农产品的竞争力。

（二）农产品电子商务的交易特征

近年来，在消费结构发生巨大变化，网络购物越来越普及，消费者追求绿色食品需求旺盛以及政府部门高度重视等多重因素共同驱动下，我国农产品电子商务呈蓬勃发展态势。在促进流通，便利消费，特别是在推动农业转型升级方面发挥了重要的作用。

（三）农产品电子商务的作用

电子商务所具有的开放性、全球性、低成本、高效率的特点，使其大大超越了作为一种新的贸易形式所具有的价值。它一方面破除了时空的壁垒，另一方面又提供了丰富的信息资源，不仅会改变生产个体的生产、经营、管理活动，而且为各种社会经济要素的重新组合提供了更多的可能，这些将影响到一个产业的经济布局和结构。

所谓农产品电子商务，就是在农产品生产销售管理等环节全面导入电子商务系统，利用信息技术，进行供求、价格等信息的发布与收集，并以网络为媒介，依托农产品生产基地与物流配送系统，使农产品交易与货币支付迅捷安全地得以实现。我国虽为粮食主产区，但由于经济欠发达，产业信息化发展相对滞后。因此我国农产品发展电子商务不仅有其必要性、紧迫性，其产生的效益还有着巨大的潜力可挖。

1.电子商务可以使落后地区的粗放经济更为集约化

电子商务以新生产力为基础，可从生产方式上高度解决从粗放到集约转变的问题。通过网络构建的各种商务平台所开展的电子商务把人与人、企业和企业、人和企业之间紧紧地联系起来，而这些平台本身通过相关的信息也得到丰富和加强。随着时间的推移，便会使企业大规模地集中在这个平台，这是由两个因素导致的：一是利润的动力驱使许多客户关系型行业在互联网上出现；二是上升的利润往往会产生集约化程度很高的企业。

2. 电子商务可以使经济粗放地区的交易费用更为节约

电子商务的主要卖点，就是减少中间环节而降低交易成本：电子商务具有互联网低成本这样的技术特征，它使经济过程的中间成本耗费不会随社会化程度提高而相应提高，反而使交易范围在地域上越大，成本相对越低。农产品正是信息化水平偏低、交易费用偏高的行业，发展农产品电子商务恰恰蕴藏着很大的商机。因此，通过恰当的方式来发展我国的农产品电子商务，显然尤为必要，并由此实现农产品经济的跨越式发展也是可以预期的。

3. 传统农产品突破生产的时空限制的需要

农产品的产销过程环节多、复杂且透明度不高，其交易市场集中度较低，买卖主体众多，交易信息的对称性较差。而电子商务跨越时空限制的特性，使得交易活动可以在任何时间、任何地点进行，非常适合这些分散的买卖主体从网络上获取信息并进行交易。尤其对我国交通不畅、信息闭塞的西部落后地区意义更为重大。我国农产品的销售不畅的重要原因是地域辽阔，地形地质条件又不利于交通，因而消息闭塞，信息不通，这就造成了产销脱节及资源产品无法输出，而商品只有卖出去才能得到社会承认，其价值才能得到实现。在农产品生产中导入电子商务，可以充分发挥其所具有的开放性和全球性的特点，打破传统生产活动的地域局限，使农产品生产成为一种全球性活动，每一个网民都可以成为目标顾客，不仅扩大农产品市场空间，解决生产中出现的增产不增收问题，还能为农民创造更多的贸易机会。

4. 创新交易方式，规避农产品价格波动风险的需要

众所周知，农产品是一种供给弹性较大而需求弹性较小的商品，并且农产品都需要一定的生产周期，一旦确定了本期农产品的生产规模，在生产过程完成之前一般不能中途改变。因此，市价的变动只能影响到下一个生产周期的产量，而本期的产量只会决定本期的价格，这就是经济学中蛛网理论描述的状态。根据这一理论，当商品供给弹性大于需求弹性时，产品价格会处于一种越来越不稳定的状态，价格和产量的波动会越来越大。农产品生产的稳定直接关系到社会的稳定，为了保持这种稳定，除了采取必要的政策措施以外，应该开展农产品电子商务，让农产品的生产者能够以一种新的途径及时地了解生产信息，根据市场合理地组织生产，避免产量和价格的巨大波动带来的不稳定。

另外，我国作为蔗糖、水果等一批农副产品的主产区，在加入世贸组织后，面临着严峻的挑战。我国借助于农产品电子商务的广泛开展，有助于农户使用更高级的手段来减小国际市场的冲击，从而更好地对抗农产品价格波动的风险，例如，运用农产品的期货交易。国外一些发达国家，如美国、日本的农场主都参与期货市场的交易，通过期货市场的套期保值和价格发现两大功能保护其利益，其中套期保值可用来规避农产品价格波动的风险，并从期货市场中获得具有权威性和预期性的农产品期货价格信息，这将对农产品产销影响

巨大。但从目前情况看，由于我国人多地少的现状，农民尚未具备直接进行相关的期货或远期合同交易的条件。但是在今后市场风险加大的背景下，面对激烈的国际市场竞争，他们对规避农产品价格风险的需求是真实的，如果建立起相关农产品集中的网上交易市场，则可以及时发布汇集相关产品价格信息，从而给农产品的产销决策提供参考；若能以网络电子交易为纽带，把分散的套期保值需求集中起来入市操作，也不失为规避农产品价格波动的风险，稳定产销的一个好办法。

二、农产品电子商务支撑体系

（一）农产品电子商务质量控制体系

电子商务这一新型的农产品贸易方式，对促进农产品销售，确保农民受益，解决农产品"买难卖难"问题，提供了良好的途径。随着人们生活水平的提高，对质量安全的关注程度越来越高，质量安全是农产品电子商务的关键问题。相对于传统的农产品贸易方式，电子商务模式下的农产品质量安全监管环节应前移，从生产源头保证农产品质量安全，才能确保电子商务模式下农产品质量安全。电子商务对农产品质量安全标准的需求包括以下几个方面：

1. 电子商务对农产品安全标准与监管的需求

在传统的农产品销售模式下，消费者可以从政府监管的市场购买相对安全的农产品，但在电子商务模式下，缺少监管环节，产地认证这类行政系统外的认可对农产品质量安全的保证作用显得格外重要。在电子商务模式下，非行政机构对农产品安全的作用会更加突出。因此，对于电子商务农产品的安全标准和监管，在构筑了完善的食品安全标准后，应建立标准化的程序确保非行政机构对农产品认证认可的合理性与科学性。

2. 电子商务对农产品等级规格标准的需求

电子商务要求网上交易的农产品品质分级标准化、包装规格化以及产品编码化，要求农产品具有一定的品牌。目前有些网站对农产品的标准化已做了一些尝试，按照农产品类别进行分类，发布相应标准描述并按照标准收购。但大部分农产品生产经营模式较为粗放，多为非标准化的经验性产品，消费者必须在使用之后才能对该商品做出客观评价，而且农产品种类繁多，反映产品品质指标的复杂多样性，给农产品标准化带来很大的难度。我国农产品种类丰富，地域差异大，近年来农业行业标准和地方标准制定了大批产品和等级规格标准。农产品等级规格标准是引导农业生产、规范市场流通的重要手段，能进一步推进产销衔接，发挥流通对生产的引导作用。但在电子商务中，现有的等级规格标准难以将农产品的性状简单描述，很多商家更倾向于直接用自有产品的图片描述产品的规格特点。同时在网络成功销售的农产品多为地方特色产品，由于品质好或者其独特性受到消费者青睐，缺少相关的产品及等级规格的农业行业标准或地方标准。目前农业行业标准也将一般性的产品标准、等级规格类标准列入清理的范畴，今后不予以重点制定。企业标准是我国标准体系的重要组成部分，对于产品品质和等级规格标准难以整齐划一的情况下，采用企业标准进行规范更加合理。在电子商务模式下，应充分发挥企业标准对农产品质量安全管理的规范作用。

3. 电子商务对农产品地域性特色产品标准的需求

电子商务模式下，地域性特色产品由于其独特的品质和风味，销售比较成功。我国地域广阔，生产了杭州龙井茶、新疆哈密瓜、常山胡柚、宁夏枸杞等特色农产品，我国地理标志产品标准的颁布实施推动了我国农产品的品牌化建设，在网络宣传中容易获得消费者的信赖认可，对提高农产品的市场竞争力和产品附加值起到了推动作用。地理标志产品和气候品质认证都是对农产品品牌的推动。地域性特色农产品在地方政府和有关管理部门的推动宣传下，对促进产品销售、提高农民收入有良好的促进作用。在电子商务模式下，该类标准与认证结合，将促进农产品品质安全的提高。

4. 电子商务对农产品生产技术规范的需求

我国通过实施农业标准化示范区建设，实施全过程标准化生产，加快传统农业转型升级和提高了农产品质量安全水平。在电子商务模式下，需要政府对农产品的质量安全监管前移，最关键的是确保生产基地的产品安全。通过无公害、绿色或有机认证的农产品，在质量安全上有保障，较容易得到消费者信任。我国国家标准、农业行业标准和地方标准也将良好农业规范类标准作为重点制定的一类标准，在电子商务模式下，这类标准应作为认证认可的基础，从生产源头确保农产品质量安全。

5. 电子商务对农产品物流标准的需求

物流是农产品电子商务的重要环节，对农产品质量安全有重要影响，特别是生鲜类产品。电子商务要求物流快速、标准，或者通过冷链运输，能够控制一定的运输条件保证产品的外观、品质、微生物在标准范围内。其中生鲜类产品的电子商务对物流标准要求最高，淘宝网、京东、苏宁、顺丰等目前着力开发生鲜产品电子商务。物流标准包括收购标准、仓储标准、运输过程控制标准、配送标准。物流是衔接电子商务模式下农产品供应商与消费者的中间环节，物流标准化的提高也依赖于生产标准化程度的提高。

（二）农产品电子商务交易支付体系

随着我国经济飞速发展，城乡统筹，工业经济开始带动农业产业化发展，使农村经济进入了新的发展阶段，农产品也从单一的粮食生产开始向多样化的农产品方向发展。而农产品流通现代化作为农村建设的一个组成部分，是促进我国农村现代化建设、乡村振兴和提高农民生活水平的重要途径。农产品批发市场是农产品流通网络体系的核心。农产品批发市场是"小生产、大市场"的客观要求，发挥着集散商品、形成价格、传递信息、调节供求和提供服务的功能。纵观国内外农业发展的历程，农产品批发市场对稳定农业生产和提高农产品流通效率做出了巨大的贡献。发展电子商务，提高农产品批发交易的信息化利用水平，建立农产品电子商务交易支付体系，可以极大地提高农产品交易的规模与质量，减少农产品交易过程中的流通损失。

1.我国农产品交易模式

我国农产品市场的规模参差不齐，即使在一个市场内也会存在多种交易模式，在交易过程中，市场的参与主体包括：农民（包含农业生产联合组织）、批发商（从小商贩一直到大批发交易商，等级差距比较大）、小消费者、大型采购者。主要交易活动包括：农民（包含农业生产联合组织）与小消费者之间的交易；农民与各级批发商之间的交易；农民与大型采购者之间的交易；批发商与小消费者之间的交易；批发商与大型采购者之间的交易。

不同交易主体间的竞争谈判能力不同，在交易中占优势的是批发商，而农民是比较弱的交易参与者（现实中我国的农业生产联合组织较少）。现在农产品价格主要通过讨价还价来形成。交易者之间没有站在一个平等的竞争平台上进行交易，农民在市场的交易中没有收益，同时也使我国的农产品市场效率较低。

我国绝大部分农产品市场交易以现货、现金交易为主，批零兼营相对比较普遍。现有的农产品市场大多是实物交易，产品全部堆放在市场，买主在验货基础上讨价还价，现金收付完成结算。以现货为主进行交易得到的交易信息对调节商品流量、平衡区域供需矛盾有较大作用，但因交易对象已经是成品，因此交易信息对商品生产指导意义并不大。我国农产品市场交易类型比较复杂，交易参与者众多，使得市场监管的难度增加。我国缺乏成规模的农业生产联合组织，农民缺乏竞价交易的信息和能力。农产品市场的提供方应该在组织商品流通方面提供较好的服务，不但要为买卖双方提供好的交易场所，而且还应该为买卖双方提供相关的服务设施和服务项目。

2.农产品电子交易平台

近年来随着农业产业化的发展，优质农产品需要寻求更广阔的市场。传统的农产品销售方式难以在消费者心中建立起安全信誉，也难以保证生态农业基地生产的优质农产品的价值，很多特色农产品局限在产地，无法进入大市场、大流通，致使生产与销售脱节，消费引导生产的功能不能实现，农业结构调整，农民增收困难重重。基于此现状，通过科技手段搭建农产品电子商务交易平台，不仅引领了我国传统农业向"信息化""标准化""品牌化"的现代农业转变，并且还将促进特色农产品走向"高端"发展之路。

农产品电子商务交易平台特点如下：一是平台实现统一为客户提供信息、质检、交易、结算、运输等全程电子商务服务。二是支持网上挂牌、网上洽谈、竞价等交易模式，涵盖交易系统、收缴系统、仓储物流系统和物资银行系统等。三是融合物流配送服务、物流交易服务、信息服务、融资担保类金融服务等于一体。平台系统将实现基础业务、运营业务、平台管理和运营支持四个层面的业务功能。四是实现各层级会员管理、供应商商品发布、承销商在线下单交易、订单结算、交易管理、担保授信等全程电子商务管理。为了支持平台业务向农产品产业链两端延伸，满足开展订单农业、跨国电子交易及跨国贸易融资等业务的发展需求，平台支持多种交易管理流程共存，支持标准及可灵活拓展商品，具备交易规则灵活性、结算多样性、管理复杂性的特点。五是在配送和销售过程中，通过制定和实施符合现代物流要求的技术标准，对农产品在流通过程中的包装、搬运、库存等质量进行控制。形成"从田头到餐桌"的完整产业链，由市场有效需求带动农业产业化，提高农业生产区域化、专业化、规模化水平。

3.农产品电子商务交易支付体系

农产品电子商务交易支付体系的设计思路：一是当农产品采用统一的电子商务平台进行交易支付时，必须使得参与各方能够在平等的基础上进行竞价交易，而不是像现在的弱者恒弱、强者恒强。二是在引入会员制的基础上，对于交易的农产品必须设立完善的检验检测标准，农产品在进入交易时已经确定了相应的等级和质量，这可以使交易者不必看到现货就能进行交易。三是交易支付模式包含现货交易和远期交易。远期交易便于农民根据需求和价格进行生产调整，同时也可以使批发商和需求者能够及时调整操作策略，以实现交易畅通。四是交易规则为买卖双方竞价交易。竞价交易能形成公开、公平、公正的价格，提高经营效率，节约交易成本和体现社会供求关系。五是完善农产品交易中的电子商务交易监管和配套物流服务等，这样可以为农产品交易的顺利进行提供保障。在做好相关的产品检验检测技术标准、政府的政策支持和市场监管的基础上，按照市场参与各方的实际需求和特点设计有利于市场发展的电子商务交易支付系统，才能真正促进我国农产品市场的发展。

（三）农产品电子交易风险防范体系

1.农产品市场风险

农产品市场风险主要是指农产品在通过市场转化为商品的过程中，由于市场行情的变化、消费者需求转移、经济政策改变等不确定因素引起的实际收益与预期收益发生偏移。随着以市场为取向的流通体制改革进一步深化，农业生产在经受自然风险的同时，还要承受经济风险压力。如何有针对性地对农产品生产和经营进行调节，减少农产品的市场风险，降低农民在农产品商品化过程中的损失，努力将农产品市场风险控制在一定范围内，保障农民的收益，已成为当前我国农业发展中一个亟待破解的重要问题。

2.农产品市场风险的防范对策

对农产品市场风险进行管理，在保证农业生产稳定，供给充足的情况下还要运用适当手段对市场的风险源进行有效控制，以减少因农产品价格波动所引致的不确定性损失。根据目前我国农产品市场风险的特点，我国应建立政府、市场、企业、农民多元复合结构为主体的农产品市场风险管理模式。

（1）加强农产品市场信息服务，提高农民科学决策能力

针对我国农产品市场信息不完全与不对称的现实，政府部门作为信息的主要提供者，应强化对农民、企业和市场的信息服务。搞好现代信息的传播设施建设和利用，实现互联网络与传统信息传播载体的优势互补，充分利用中介组织的外延渠道，保障信息传播畅通。加强农产品信息体系建设，建立高效、灵敏、快速的信息系统，尤其要加强农产品市场供

求与价格走势的分析预测，指导农产品生产经营者的经济活动，提高农民生产科学产品价格波动。搞好农产品市场信息发布制度建设，在制定信息发布规划和规范发布行为上发挥主导作用，确保发布的信息及时、准确、有效。通过高效的信息服务手段，尽可能在产前避免或减少农产品市场风险发生的可能性。

（2）加强农产品流通体系建设，降低流通环节成本

我国农产品从产地到餐桌流通环节过长过繁的情况，加大了农产品价格波动的概率，也加重了农产品市场风险的发生。加强农产品流通体系建设，建立现代农产品物流方式，减少不必要的流通环节，降低流通成本，可在一定程度上保持农产品市场价格的稳定。大力发展农产品物流配送企业，推动农产品超市的建设，采取从产地收购到市场零售一体化的营销模式。制定相关法律，加强企业信用体系的建设，规范配送企业和超市的营销行为。既要保证农产品质量的安全，又要做到让利于民，防止因流通环节价格不合理上涨而带来的市场风险。加快农产品流通基础设施的建设，提高农产品运输能力，加强与销售商的合作，拓宽农产品销售市场。这样才能把农产品顺利地销售出去，农村中介组织在农产品市场中发挥着重要的作用，它是联系农民和市场的桥梁，及时把各种市场信息传递给农民，有利于农民做出正确的生产决策，农村中介组织可以帮助农民寻找农产品的销售出路，促进农产品的销售。

（3）加强期货市场的建设，规避价格波动的风险

期货市场有一个集中交易、公平竞争、秩序强化、信息公开的价格形成机制，会员制的交易场所通过实施"三公"原则来形成即期、近期、远期价格，这些优势是现货市场所不具备的。因此，期货市场所形成的价格对各种价格因素反应极为灵敏，具有一定的权威性和预期性。同时，期货市场的套期保值功能将市场风险转嫁到投机者身上，确保了农民和企业的基本利益。因此，我国要大力发展农产品期货市场，提高期货市场在农产品市场上的地位和作用，增加交易品种，鼓励农业企业和农民进入期货市场，发挥期货和期权市场信息的统一性和超前性优势，充分利用其价格发现和套期保值功能，有效控制转移农产品价格风险，积极探索利用期货交易规避市场风险。期货市场的价格发现和回避风险功能，为相关产品的生产、流通、加工企业及广大农户发挥着独特的作用。期货交易和期货市场具有标准化、简单化、组织化和规范化等特点，能够有效规避市场风险。我国加入世贸组织已多年，农产品生产、流通和加工企业迫切需要期货市场为其提供服务。稳步发展期货市场可以加快我国市场与国际市场的接轨，有效地回避国际市场波动给我国企业带来的风险。

（4）加强金融机构的服务意识，建立农产品市场风险补偿机制

农业产业面临着自然风险和市场风险的双重压力，国家的农业补贴政策在一定程度上缓解了农民生产风险的压力，但这并不是一种长效机制，国家还须充分发挥金融机构的职能，增强其服务"三农"的意识，利用金融工具建立一种能长期规避风险的农业保险机制。扩大农业保险的范围，在继续稳定和加强粮食、生猪、奶牛等生产保险力度的基础上，还

须向水果、蔬菜、水产品等易遭受灾害损失的品种延伸。建立农产品市场风险基金，对从事农产品市场营销的企业，因遇到雪灾、暴雨、台风等突发事件而造成的损失，要给予风险补偿，以避免农产品市场价格突涨。政府对参与到农业风险保障体系当中的金融机构，从政策、资金等方面给予适当优惠，消除金融机构本身的风险隐患和忧虑，使他们能全力投入农产品市场风险的管理中。

三、农产品网络营销

农产品网络营销，指在农产品销售过程中全面导入电子商务系统，利用计算机技术、信息技术、商务技术对农产品的信息进行收集与发布、依托农产品生产基地与物流配送系统，开拓农产品网络销售渠道，以达到提高农产品品牌形象、增进顾客关系、完善顾客服务、开拓销售渠道的一种新型营销方式。开展农产品网络营销可以使得农产品营销空间更广阔，实现交易双方互动式沟通，进而提高客户关系管理水平并降低营销成本。然而我国农产品的网络营销才刚刚起步，还有许多地方不完善，没有形成一个完善的体系。研究如何构建农产品网络营销体系从而促进农产品的高效流通，进而解决农产品卖难的问题，具有重要的现实意义。

（一）网络市场

网络市场是以现代信息技术为支撑，以互联网为媒介，以离散的、无中心的、多元网状的立体结构和运作模式为特征，信息瞬间形成、即时传播，实时互动，高度共享的人机界面构成的交易组织形式。从网络市场交易的方式和范围看，网络市场经历了三个发展阶段：第一阶段是生产者内部的网络市场，其基本特征是工业界内部为缩短业务流程时间和降低交易成本，采用电子数据交换系统所形成的网络市场。第二阶段是国内的或全球的生产者网络市场和消费者网络市场。其基本特征是企业在互联网上建立一个站点，将企业的产品信息发布在网上，供所有客户浏览，或销售数字化产品，或通过网上产品信息的发布来推动实体化商品的销售；如果从市场交易方式的角度讲，这一阶段也可称为"在线浏览、离线交易"的网络市场阶段。第三阶段是信息化、数字化、电子化的网络市场。这是网络市场发展的最高阶段，虽然网络市场的范围没有发生实质性的变化，但网络市场交易方式却发生了根本性的变化，即由"在线浏览、离线交易"演变成了"在线浏览、在线交易"，以电子货币及电子货币支付系统的开发、应用、标准化及其安全性、可靠性为网络市场的基本特征。

（二）网络消费者

网络消费者是指通过互联网在电子商务市场中进行消费和购物等活动的消费者人群。

1.网络消费者的类型

网络消费者不外乎以下六类：简单型、冲浪型、接入型、议价型、定期型和运动型。

2.网络消费者的购买行为分析

（1）简单型购买

简单型购买的产品大多是书籍、音像制品等类的标准化产品。消费者对它们的个性化需求不大，通常以传统购买习惯为依据，不需要复杂的购买过程，购买前一般不会进行慎重的分析、筛选，主要以方便购买作为首要条件。

（2）复杂型购买

这类购买行为主要发生在购买电视机、电冰箱等技术含量相对较高的耐用消费品的场合。由于消费者对这些产品的许多技术细节不了解，因而对品牌的依赖性较大。随着这些产品逐渐走向成熟，消费者对它们变得越来越熟悉，这种复杂型购买将逐步趋于简单化。对这些产品，消费者的个性化需求主要表现在产品的颜色、外观造型上，对厂商的要求不是很高，厂商介入的程度不大。

（3）定制型购买

这类购买是指消费者按照自己的需求和标准，通过网络要求厂商对产品进行定制化生产。定制型购买的产品大致有三类：一是技术含量高、价值高的大型产品，通过定制，虽然增加了制造成本，但可以大大削减非必要功能，从而获得更个性化同时也是更经济的产品。二是技术含量不高，但价值高的个性化产品。这类产品与消费者的兴趣、偏好有直接的关系。三是计算机软件及信息产品。

3.影响网络消费者购买的主要因素

①产品的特性。

②产品的价格。

③购物的便捷性。

④安全可靠性。

（三）农产品电子商务营销渠道

电子商务作为一种先进的与时俱进的商务模式，它特有的信息化、自动化和无地域限制的特点为解决传统农产品交易中农产品无法及时流通的问题提供了重要的思路。电子商务其效率高、成本低、公平、透明的特质正满足了我国农产品市场所面临的新格局，将电子商务引入农业产业链中势在必行。

1.将电子商务引入农业的意义

电子商务在农业中的应用大大提高了农业经济的效益，降低了农业生产经营成本，从信息资源、销售渠道和生产方式等方面为我国农业发展带来了崭新的面貌。电子商务能够缩短生产和消费的距离，既发挥迂回经济的专业化分工的效率，又缩短迂回经济条件下的生产和消费的距离，被称为"直接经济""零距离经济"。电子商务的优点主要表现在降低交易成本、减少库存、缩短生产周期、增加商业机会、减轻对实物基础设施依赖的24小时无间隔的商业运作等，因此能够有效地克服农业产业化经营中的不利因素，对我国农业产业化进程具有极大的促进作用。

2. 发展农产品电子商务的必要性

我国是传统的农业大国，农业的发展关系着我国经济等各方面的发展，只有农业发展好了，才能更好地实现社会主义现代化。相反，一旦农业发展滞后，我国的全面发展将会遭到严重的阻碍。只有保障了农业发展的主体——农民的根本利益，让他们的生活得到显著的提高，才能极大限度地调动农民的生产积极性，才能更好地解决目前我国农业市场上的问题，突破"菜贱伤农"的困局，更好地进行农业的发展和转型。

3. 对未来我国电子商务发展的建议

一是加强农村网络基础建设。作为农村信息化发展过程中的重要部分，农村宽带网络建设显得尤为重要。有关部门应该加大对农村用户的优惠力度，比如，实行优惠的通信资费政策等来实现在更广大的农业区的宽带网络覆盖。二是加快发展建设农产品的物流产业。对于农产品物流的建设，可以引进一个新的概念——物流园区。所谓的"物流园区"就是指由政府提供各种资源和出台各种政策，有效地利用各种可以利用的土地资源，开辟并建设成为专门的物流基地，逐步形成可行的产业化模式。三是出台更加完善的相关法律政策。说到我国政府对于农业电子商务发展的支持，最有效的莫过于相关法律法规的制定。其中最重要的莫过于关于互联网的相关立法。电子商务虽然给人们的生活带来了极大的便利，但也包含了各种不安全因素，如个人信息遭到泄露、网络诈骗、网络交易风险等。针对这些，政府需要出台更细致化、更有针对性的法律文件，以保护人民的利益，促进电子商务的可持续发展。

（四）农产品网络营销策略选择

随着互联网技术的进一步应用，电子商务已成为我国经济的新增长点之一，互联网不仅改变人们的生活方式，还进一步改变人们的生产组织方式，我国农业受自身特点、国内外经济环境和组织模式的影响，与现今经济发展、人民生活需求的矛盾进一步加剧。在这一形势之下，农产品如何利用网络营销新模式，让农户有效掌握供求信息，合理组织、安排生产，让消费者足不出户购买到鲜活农产品，成为缓解农产品供求矛盾，增加农户收入的关键。针对我国农产品网络营销存在的问题，从我国农产品网络营销必然性入手，分析农产品网络营销的优势，提出符合我国国情的农产品网络营销策略。

1. 我国农产品网络营销的必然性

（1）农产品流通渠道不畅使我国农产品供求矛盾进一步突出

在现实的市场状况下，时常会发生大量的农产品尤其是生鲜果蔬烂在农田里卖不出去，而城市果蔬价格居高不下的"怪象"。农业发展速度相对缓慢，市场供求矛盾突出主要归因于农产品流通渠道不畅，"重生产、轻流通"的现象在网络时代有望得到改观。

（2）农产品网络营销的网络环境已具备

一是我国农村网络普及率呈现快速增长趋势。我国农村网民多年保持快速增长态势；且从农村网民的年龄结构来看，20 ~ 39 岁的网民占农村网民规模的绝大多数，这个年龄区间相对农业人口中的其他从业人口，文化程度比较高，对新事物反应比较敏锐。二是立体物流体系逐步形成，尤其是制约农产品流通的"冷链物流"取得长足的发展。物流产业趋于专业化、精细化。尤其是与农副产品运输休戚相关的"冷链物流"（冷链物流：泛指冷藏冷冻类食品在生产、贮藏运输、销售，到消费前的各个环节中始终处于规定的低温环境下，以保证食品质量，减少食品损耗的一项系统工程），这些年得到了切实的发展。这样的冷链运输规模无论是在杜绝农产品"运输浪费"上还是在刺激农产品销售的网络化上都是一个巨大的推动。

2. 农产品网络营销的优势

（1）网络销售模式是解决农产品供销矛盾的最为有效的方式

农产品的一个显著特征就是生产的地域性与消费的普遍性矛盾，这种矛盾使农产品在传统销售模式下销售渠道更加复杂。网络营销最显著的特征就是"跨时空"的营销，参与人数众多且增长速度快。加之网络营销可实现生产者和消费者的有效双向沟通、可利用多媒体技术进行有效展示以及无中间环节等众多优势，可以最大限度地满足用户的个性化需求，既有利于农产品的供求平衡，又有利于农产品价格公平。

（2）网络销售可以有效规避供求信息不对称带来的风险

农产品的另一个特征就是易于受自然条件的约束和影响，产量信息不对称，在供求上极易产生矛盾。但在我国现今的农业信息化相对薄弱的条件下，解决这一问题主要依赖一个高效的农业信息平台，农民在第一时间掌握需求、种植信息，第一时间跟踪和发布产量信息，可以有效缓解这一矛盾。

参考文献

[1] 魏德刚. 农业经济与管理 [M]. 长春：东北师范大学出版社，2022.

[2] 王士海. 农业经营制度变迁中的小农户问题研究 [M]. 北京：经济管理出版社，2022.

[3] 杨佳利，匡远配. 农地流转对农业全要素生产率的影响研究 [M]. 北京：经济管理出版社，2022.

[4] 谢玲红，魏国学. 农村要素配置的微观考察 土地劳动力资本与技术 [M]. 北京：中国农业科学技术出版社，2022.

[5] 吴永常，韦文珊，吴思齐. 乡村空间规划"六诀"——以中国传统营造理念为基础的规划新理论 [M]. 北京：中国农业科学技术出版社，2022.

[6] 张启文. 农业与农村经济发展研究 2020[M]. 北京：中国农业出版社，2022.

[7] 孔祥智，钟真，柯水发. 农业经济管理导论 [M]. 北京：中国人民大学出版社，2021.

[8] 张利庠，陈卫平，郑适. 农业企业管理学 /21 世纪农业经济管理系列教材 [M]. 北京：中国人民大学出版社，2021.

[9] 孙芳，丁玎. 农业经济管理学科发展百年: 政策演进、制度变迁与学术脉络 [M].北京: 经济管理出版社，2021.

[10] 李文华. 林下经济与农业复合生态系统管理 [M]. 北京：中国林业出版社，2021.

[11] 李秉龙，薛兴利. 农业经济学 [M]. 北京：第 4 版. 中国农业大学出版社，2021.

[12] 雷秀明，张新，黄尚举. 农业企业会计核算 [M]. 沈阳：辽宁大学出版社，2021.

[13] 马文斌. 农业科技人才培养模式及发展环境优化 [M]. 长春：吉林人民出版社，2021.

[14] 谭启英. 互联网＋时代背景下农业经济的创新发展 [M].北京: 中华工商联合出版社，2021.

[15] 郭顺义，杨子真. 数字乡村：数字经济时代的农业农村发展新范式 [M]. 北京：人民邮电出版社，2021.

[16] 曹慧娟. 新时期农业经济与管理实务 [M]. 沈阳：辽海出版社，2020.

[17] 刘佶鹏. 农业经济合作组织发展模式研究 [M]. 北京：中国农业出版社，2020.

[18] 马磊. 区块链＋数字农业：2030 未来农业图景 [M]. 北京：中国科学技术出版社，2020.

[19] 姚文秋. 经济作物生产与管理 [M]. 北京：中国农业大学出版社，2020.

[20] 陈洁. 我国区域特色农业发展问题研究 [M]. 上海：上海远东出版社，2020.

[21] 何芳 . 土地经济与利用 [M]. 第三版 . 上海：同济大学出版社，2020.

[22] 顾莉丽 . 农业经济管理 [M]. 北京：中国农业出版社，2019.

[23] 施孝忠 . 农业经济管理与可持续发展研究 [M]. 北京：科学技术文献出版社，2019.

[24] 伍国勇 . 农林经济管理专业写作实践教程 [M]. 成都：西南交通大学出版社，2019.

[25] 高启杰 . 农业推广学案例 [M]. 北京：中国农业大学出版社，2019.

[26] 邢旭英，李晓清，冯春营 . 农林资源经济与生态农业建设 [M]. 北京: 经济日报出版社，2019.

[27] 王瑾，赖晓璐，周腰华 . 休闲农业经营之道 [M]. 北京：中国科学技术出版社，2019.

[28] 刘勇 . 休闲农业创新发展与规划 [M]. 南宁：广西科学技术出版社，2019.

[29] 潘传快 . 农业经济调查数据的缺失值处理模型和方法 [M]. 汕头：汕头大学出版社，2019.

[30] 孟根龙，杨永岗，贾卫列 . 绿色经济导论 [M]. 厦门：厦门大学出版社，2019.

[31] 杜浩波 . 新农村经济发展与分析 [M]. 北京：现代出版社，2019.

[32] 左喆瑜 . 水资源与中国农业可持续发展研究 [M]. 兰州：兰州大学出版社，2019.

[33] 巢洋，范凯业，王悦 . 乡村振兴战略 重构新农业 重构适合中国国情的农业"产融五阶"体系 [M]. 北京：中国经济出版社，2019.

[34] 董莹，穆月英 . 全要素生产率视角下的农业技术进步及其溢出效应研究 [M]. 北京：国经济出版社，2019.